ПОВНА КУХІРНА КНИГА СВЯТА ГАННУКА

Святкова кулінарна книга для святкування Фестивалю вогнів. 100 смачних рецептів традиційних і сучасних страв, закусок і десертів на Хануку

Анна Максименко

ЗМІСТ

3

ВСТУП

Ласкаво просимо до «Радості Хануки», найкращої кулінарної книги для святкування Фестивалю вогнів! Ханука — це час для сім'ї, друзів і смачної їжі, і в цій кулінарній книзі є все, що вам потрібно, щоб створити незабутні страви та частування, які принесуть задоволення вашим близьким.

У цій кулінарній книзі ви знайдете широкий вибір традиційних і сучасних рецептів Хануки, від класичних латкесів і грудок до креативних варіантів традиційних улюблених страв, таких як суфганіот (желейні пончики) і хала. Незалежно від того, чи ви досвідчений кухар, чи новачок на кухні, ці рецепти прості у виконанні, і вони допоможуть вам створити смачні страви, закуски та десерти на ханнуку, які сподобаються всім.

Але «Радість Хануки» — це більше, ніж просто кулінарна книга — це свято єврейської культури та традицій. У цій книзі ви дізнаєтеся про історію та значення Хануки, а також про історії та традиції, які роблять це свято таким особливим.

Тож незалежно від того, шукаєте ви натхнення для свого меню на ханнуку чи просто хочете дізнатися більше про це улюблене свято, ПОВНА КУХІРНА КНИГА СВЯТА ГАННУКА стане ідеальним супутником. Давайте готувати та святкувати Фестиваль вогнів стильно!

Ханука, Фестиваль вогнів, кулінарна книга, традиційне, сучасне, рецепти, латкес, грудинка, суфганійот, хала, єврейська культура, традиція, свято, меню, натхнення, торжество..

1. Торт з яблучним пюре

Вихід: 16 порцій

ІНГРЕДІЄНТИ

- 1/2 склянки волоських горіхів (подрібнених)
- 1 1/2 склянки яблучного пюре
- 1 яйце
- 1 стакан цукру
- 2 столові ложки олії
- 1 чайна ложка ванільного екстракту
- 2 склянки борошна (універсального)
- 2 чайні ложки соди
- 1/2 чайної ложки кориці (меленої)
- 1/2 чайної ложки мускатного горіха (меленого)
- 1 склянка родзинок

ІНСТРУКЦІЯ

a) Добре вимийте руки з милом і теплою водою.

b) Попередньо розігрійте духовку до 350 градусів. Змастіть 2 (8x4x2 дюймів) форми для хліба.

c) Підсмажте волоські горіхи на сковороді без масла. Помішуйте, нагріваючи на середньому слабкому вогні 5-7 хвилин. Вони готові, коли стануть коричневими і пахнуть горіхом. Відставте остигати.

d) Змішайте яблучне пюре, яйце, цукор, олію та ваніль у великій мисці.

e) Змішайте борошно, харчову соду, корицю та мускатний горіх у меншій мисці.

f) Вилийте борошняну суміш у яблучне пюре.

g) Вмішайте родзинки та остиглі підсмажені горіхи.

h) Вилийте половину тіста в кожну змащену маслом форму. Випікати 45-55 хвилин.

i) Вийняти коржі з духовки. Остудіть протягом 10 хвилин. Вийміть з форм, щоб закінчити охолодження. Для кращого смаку дайте тістечкам охолонути кілька годин перед подачею.

2. Яловичина і капуста на вечерю

Вихід: 4 порції

ІНГРЕДІЄНТИ

- 1 качан зеленої капусти (вимитий і нарізаний шматочками)
- 1 цибулина, середня (нарізана)
- 1 фунт яловичого фаршу, нежирного (15% жиру)
- антипригарний кулінарний спрей
- 1 чайна ложка часникового порошку
- 1/4 чайної ложки чорного перцю
- сіль (за смаком, за бажанням)
- пластівці червоного перцю (за смаком, за бажанням)

ІНСТРУКЦІЯ

a) Нашаткуйте капусту і цибулю, відставте.

b) У великій сковороді обсмажте яловичий фарш на середньому вогні, поки не підрум'яниться. Злийте жир. Відкладіть яловичину.

c) Збризніть сковорідку антипригарним спреєм для приготування їжі. Обсмажте цибулю на середньому вогні до м'якості.

d) Додайте до цибулі капусту і смажте, поки капуста не підрум'яниться.

e) Перемішайте яловичину в суміші капусти та цибулі.

f) Приправте часниковою пудрою, сіллю (за бажанням) і перцем. Додайте до капусти пластівці червоного перцю (за бажанням), якщо любите гостру.

3. Рисова запіканка з брокколі

Вихід: 12 порцій

ІНГРЕДІЄНТИ

- 1 1/2 склянки рису
- 3 1/2 склянки води
- 1 цибулина (середня, нарізана)
- 1 банка крем-грибного, або курячого, або селерового, або сирного супу (10 3/4 унції, згущеного)
- 1 1/2 склянки молока (1%)
- 20 унцій брокколі або цвітної капусти або змішаних овочів (заморожених, нарізаних)
- 1/2 фунта сиру (тертого або нарізаного)
- 3 столові ложки маринану (або масла)

ІНСТРУКЦІЯ

a) Розігрійте духовку до 350 градусів і змастіть маслом форму для випічки 12x9x2 дюймів.

b) У каструлі змішайте рис, сіль і 3 склянки води і доведіть до кипіння.

c) Накрити кришкою і тушкувати 15 хвилин. Зніміть каструлю з вогню і відставте ще на 15 хвилин.

d) Обсмажте цибулю на маргарині (або вершковому маслі) до готовності.

e) Змішайте суп, молоко, 1/2 склянки води, цибулю та рис. Ложкою викласти суміш у форму для запікання.

f) Розморозьте та злийте овочі, а потім викладіть на рисову суміш.

g) Рівномірно розподіліть сир зверху і запікайте при 350 градусах протягом 25-30 хвилин, поки сир не розплавиться, а рис не стане пухирчастим.

4. Латкес з червоної сочевиці

Вихід: 4 порції

ІНГРЕДІЄНТИ

- 1/2 склянки сухої червоної сочевиці
- 1 картоплина, натерта на тертці (приблизно 1/2 фунта, очищати необов'язково)
- 1 велике яйце
- 1 зубчик часнику, дрібно нарізаний
- 2 столові ложки пармезану, тертого або іншого сиру
- 1 крапка гострого соусу (1-2 крапки, за бажанням)
- 1/4 чайної ложки солі
- чорний перець (за смаком, за бажанням)
- 2 столові ложки олії каноли (або оливкової олії, для приготування)

ІНСТРУКЦІЯ

a) Додайте сочевицю в середню каструлю і додайте води, щоб вона покрила приблизно на дюйм. Доведіть до кипіння, потім зменшіть вогонь до кипіння і варіть до готовності приблизно 15 хвилин. Злийте воду і відкладіть.

b) Тим часом зніміть з картоплі зайву воду: її можна віджати жменю або викласти всю купу на чистий рушник і віджати.

c) Розбийте яйце в середню миску і злегка збийте його. Додайте картоплю, варену сочевицю, часник, зелену цибулю, сир і гострий соус, якщо ви використовуєте їх у середню миску. Додайте сіль і добре подрібнений чорний перець і перемішуйте до однорідності.

d) Розігрійте велику сковороду на середньому вогні, потім додайте щедру крапельку олії (1-2 столові ложки). Працюючи порціями, щоб не переповнювати сковороду, додайте грудки суміші картоплі та сочевиці (розміром з м'яч для гольфу або трохи більше) і розрівняйте кожну, щойно вона опиниться на сковороді, роблячи приблизно півдюйма товщиною.

e) Готуйте приблизно 4-5 хвилин з кожного боку, поки латкес не стане глибоко золотисто-коричневим і не буде готовим. Додайте ще трохи олії на сковороду для кожної наступної порції. Подавайте негайно або тримайте латкес теплим у розігрітій до 200°F духовці протягом години.

5. Картопляні оладки зі шпинату

Вихід: 4 порції

ІНГРЕДІЄНТИ

- 2 склянки цукіні, подрібнених
- 1 картопля, середня (очищена і подрібнена)
- 1/4 склянки цибулі, дрібно нарізаної
- 1/4 чайної ложки солі
- 1/4 склянки цільнозернового борошна
- 1 1/2 склянки шпинату, нарізаного та приготованого на пару
- 1/2 чайної ложки перцю
- 1/4 чайної ложки меленого мускатного горіха
- 1 яйце, збите
- яблучне пюре (за бажанням)

ІНСТРУКЦІЯ

a) З'єднайте перші вісім інгредієнтів у мисці.

b) Додайте яйце і добре перемішайте.

c) Викладіть тісто по 1/4 склянки на добре змащену гарячу сковороду та розрівняйте, щоб сформувати котлети.

d) Смажити до золотистої скоринки; переверніть і готуйте, поки друга сторона злегка не підрум'яниться. Обсушити на паперових рушниках і за бажанням подати з яблучним пюре.

6. Цільнозернові часникові палички

Вихід: 6 порцій

ІНГРЕДІЄНТИ:
- 6 скибочок хліба (100% цільної пшениці)
- 2 столові ложки оливкової олії
- 1/2 чайної ложки часникового порошку
- 1 італійська приправа (за потреби, для посипання)

ІНСТРУКЦІЯ
a) Намажте кожен шматочок хліба однією чайною ложкою олії.
b) Посипте часниковою пудрою та італійською приправою.
c) Скласти хліб і розрізати кожен шматочок на 3 рівні частини.
d) Випікайте при 300 градусах приблизно 25 хвилин або поки вони не стануть хрусткими і злегка підрум'яняться.

7. Кільця цибулі Ханука

ІНГРЕДІЄНТИ:

- 3 великі цибулини
- 1 чашка кукурудзяного борошна
- 1 стакан борошна
- 2 чайні ложки солі
- 1 склянка йогурту
- 1 стакан молока
- Перець мелений
- Олія для смаження

ІНСТРУКЦІЯ

a) У великій каструлі нагрійте приблизно ¾ дюйма олії до 350°F. Змішайте молоко та йогурт у маленькій мисці. Змішайте кукурудзяну крупу, борошно, сіль і перець в іншій мисці.

b) Ріпчасту цибулю наріжте і відокремте кільця. Замочіть кільця в суміші молока та йогурту на кілька хвилин.

c) Потім протріть обидві сторони в борошняній суміші та за допомогою щипців помістіть кільця в олію. Готуйте кільця, поки вони не стануть просто золотистими.

d) Витягніть на паперовий рушник і поставте в духовку при температурі 200°F.

8. Домашня сметана

ІНГРЕДІЄНТИ:
- ¼ склянки молока
- 1 стакан жирних вершків
- ¾ чайної ложки дистильованого білого оцту

ІНСТРУКЦІЯ
a) Змішайте молоко та оцет і дайте постояти 10 хвилин. Перелийте жирні вершки в банку.
b) Додайте молочну суміш, накрийте банку та залиште при кімнатній температурі на 24 години.
c) Перед використанням охолодити.

9. Апельсиново-шавлієвий торт з оливковою олією

ІНГРЕДІЄНТИ:
ТОРТ:

- 4 яйця
- 1 стакан цукру
- ½ склянки оливкової олії першого віджиму
- ¼ склянки апельсинового соку
- 2 столові ложки апельсинової цедри
- 1 столова ложка дрібно нарізаного свіжого шавлії
- 1 ½ склянки борошна універсального призначення
- 1 столова ложка розпушувача
- ½ чайної ложки солі
- ½ чайної ложки кориці

Апельсинова глазур:

- 1 стакан цукрової пудри
- 2 столові ложки апельсинового соку

ІНСТРУКЦІЯ

a) Розігрійте духовку до 350° F і змастіть маслом 1 велику форму для хліба. У міксері збийте яйця з цукром протягом 2 хвилин, поки суміш не стане пишною. Увімкнувши міксер на низький рівень, влийте оливкову олію та апельсиновий сік. Додайте апельсинову цедру та листя шавлії.

b) В окремій мисці змішайте борошно, розпушувач, сіль і корицю.

c) Додайте суху суміш до вологої в штатному міксері та перемішайте до однорідності.

d) Вилийте тісто у форму для хліба. Випікати пиріг 30-35 хвилин. Відставте пиріг у форму на 15 хвилин, потім перемістіть на решітку, щоб повністю охолонути.

e) У мисці збийте разом цукрову пудру та апельсиновий сік. Коли пиріг охолоне, полийте його глазур'ю і відставте, поки глазур не застигне.

10.   Легкий суфганіот

ІНГРЕДІЄНТИ:

- Один рулет магазинного бісквітного тіста
- Рапсова олія, для смаження
- Маленька миска цукру, білого або пудри
- ½ склянки варення олії

ІНСТРУКЦІЯ

a) Дайте тісту постояти при кімнатній температурі 20 хвилин, щоб його було легко розкачати.

b) На присипаній борошном поверхні розкачайте тісто до товщини ½ дюйма. Виріжте кола розміром 2 ½ або 3 дюйми.

c) Наповніть каструлю 2 дюйма олії та нагрійте її до 360°F.

d) Смажте тісто, поки кожна сторона не стане темно-коричневою. Перевірте один, щоб переконатися, що вони не тістоподібні в середині. Перекладіть пончики на паперовий рушник, видаліть надлишки жиру та посипте цукром.

e) Заповніть джемом за допомогою віджимної пляшки.

11.   <u>Ханука Гелт Фадж</u>

ІНГРЕДІЄНТИ

- 3 склянки напівсолодкої шоколадної стружки
- 1 банка солодкого згущеного молока
- 1 чайна ложка ванілі
- ¼ чайної ложки солі

ІНСТРУКЦІЯ

a) Змішайте шоколадну стружку та згущене молоко в мисці та нагрійте в мікрохвильовій печі протягом 1 хвилини.

b) Перемішуємо до однорідності. Якщо потрібно більше часу, продовжуйте нагрівання в мікрохвильовій печі з кроком 10 секунд.

c) Додати ваніль і сіль і перемішати. Розкладіть у блюдо, застелене вощеним папером. Поставте в холодильник на ½ години. Наріжте помадку бажаними формами і загорніть у фольгу.

d) Охолодіть помадку до готовності до споживання.

12.   Запечений шпинат і сир

ІНГРЕДІЄНТИ

- Антипригарний кулінарний спрей
- 2 цілих яйця плюс 2 яєчних білка
- ¾ склянки молока
- 3 скибочки одноденного легкого хліба, нарізати невеликими трикутниками
- 1 склянка свіжого шпинату, дрібно нарізаного
- ½ чашки тертого сиру пармезан

ІНСТРУКЦІЯ

a) Розігрійте духовку до 350° F. Вистеліть дно форми діаметром 8 дюймів папером для випічки та збризніть антипригарним спреєм. У середній мисці збийте яйця та білки до утворення піни.

b) Додайте молоко, шпинат і сир. Перемішайте, щоб змішати. Вилийте в підготовлену форму.

c) Занурте в суміш підсушені хлібні трикутники. Після того, як вони будуть покриті сумішшю, підніміть один кінець кожного шматка виделкою, щоб вони виглядали зверху.

d) Випікайте без кришки до легкого рум'яного кольору приблизно 20-30 хвилин.

e) Вийняти з духовки і остудити. Звільніть краї, надрізавши ножем зовні. Вийміть з каструлі і покладіть на жароміцну тарілку.

13. Здобне м'ятне печиво

ІНГРЕДІЄНТИ

- 1 склянка вершкового масла, розм'якшеного
- ½ склянки кондитерського цукру
- 1 ½ чайної ложки екстракту перцевої м'яти
- 1 ¾ склянки борошна універсального призначення
- Цукор зеленого кольору

ІНСТРУКЦІЯ

a) У великій мисці змішайте вершкове масло та кондитерський цукор до легкої та пухкої консистенції. Збийте екстракт. Поступово додайте борошно і добре перемішайте. Столові ложки тіста скачайте в кульки.

b) Розмістіть 1 дюйм один від одного на не змащені листи для випічки; розрівняти склянкою, змоченою в кольоровому цукрі. Випікайте при 350°F протягом 12-14 хвилин або до твердості.

c) Вийміть на решітку для охолодження. Вихід: 3 десятки.

14. Смажена солодка картопля та свіжий інжир

Робить: 4

ІНГРЕДІЄНТИ

- 4 невеликі солодкі картоплі (загалом 2¼ фунта / 1 кг)
- 5 столових ложок оливкової олії
- 3 столові ложки / 40 мл бальзамічного оцту (ви можете використовувати комерційний, а не преміальний витриманий сорт)
- 1½ столової ложки / 20 г найдрібнішого цукру
- 12 зелених цибулин, розрізаних уздовж навпіл і на сегменти 1½ дюйма / 4 см
- 1 червоний чилі, тонко нарізаний
- 6 стиглих фіг (8½ унцій / 240 г загалом), порізаних на четвертинки
- 5 унцій / 150 г м'якого сиру з козячого молока (за бажанням)
- Морська сіль Maldon і свіжомелений чорний перець

ІНСТРУКЦІЯ

a) Розігрійте духовку до 475°F / 240°C.

b) Помийте солодку картоплю, розріжте її навпіл уздовж, а потім знову розріжте кожну половину так само на 3 довгі клини. Змішайте з 3 столовими ложками оливкової олії, 2 чайними ложками солі та трохи чорного перцю. Розкладіть шматочки шкіркою вниз на деку та готуйте приблизно 25 хвилин, поки вони не стануть м'якими, але не стануть кашоподібними. Вийняти з духовки і залишити остигати.

c) Щоб зробити бальзамічний відвар, покладіть бальзамічний оцет і цукор у невелику каструлю. Доведіть до кипіння, потім зменшіть вогонь і кип'ятіть від 2 до 4 хвилин, поки не загусне. Обов'язково зніміть каструлю з вогню, коли оцет ще рідкіший за мед; він продовжуватиме густіти, коли охолоне. Додайте краплю води перед подачею, якщо воно стане занадто густим, щоб полити.

d) Розкладіть солодку картоплю на сервірувальному блюді. Розігрійте олію, що залишилася, у середній каструлі на середньому вогні та додайте зелену цибулю та чилі. Смажте 4-5 хвилин, часто помішуючи, щоб перець чилі не підгорів. Покладіть ложкою олію, цибулю та чилі на солодку картоплю. Розкладіть інжир між шматочками, а потім збризніть бальзамічним соусом. Подавайте при кімнатній температурі. Покришіть сир зверху, якщо використовуєте.

15. Товстун Наама

Робить: 6

ІНГРЕДІЄНТИ

- 1 склянка / 200 г грецького йогурту і ¾ склянки плюс 2 столові ложки / 200 мл цільного молока або 1⅓ склянки / 400 мл пахти (замінює йогурт і молоко)
- 2 великі черстві турецькі коржі або наан (загалом 9 унцій / 250 г)
- 3 великих помідори (загалом 13 унцій / 380 г), нарізані кубиками ⅔ дюйма / 1,5 см
- 3½ унції / 100 г редиски, тонко нарізаної
- 3 ліванські або міні-огірки (загалом 9 унцій / 250 г), очищені та нарізані кубиками ⅔ дюйма / 1,5 см
- 2 зелені цибулі, тонко нарізані
- ½ унції / 15 г свіжої м'яти
- 1 унція / 25 г листової петрушки, крупно нарізаної
- 1 ст.л сушеної м'яти
- 2 зубчики часнику, подрібнені
- 3 столові ложки свіжовичавленого лимонного соку
- ¼ склянки / 60 мл оливкової олії плюс додаткова кількість для поливання
- 2 столові ложки сидру або білого винного оцту
- ¾ чайної ложки свіжомеленого чорного перцю
- 1½ чайної ложки солі
- 1 столова ложка сумаху або більше за смаком, для прикраси

ІНСТРУКЦІЯ

a) Якщо ви використовуєте йогурт і молоко, почніть принаймні за 3 години до дня заздалегідь, помістивши обидва в миску. Добре збити і залишити в прохолодному місці або в холодильнику, поки на поверхні не утворяться бульбашки. Виходить така собі домашня маслюка, але менш кисла.

b) Наріжте хліб невеликими шматочками та покладіть у велику миску. Додайте ферментовану йогуртову суміш або комерційну пахту, а потім решту інгредієнтів, добре перемішайте та залиште на 10 хвилин, щоб усі смаки з'єдналися.

c) Розкладіть жирний соус у миски для подачі, збризніть оливковою олією та щедро прикрасьте сумахом.

16. Бебі-салат зі шпинату з фініками та мигдалем

Робить: 4

ІНГРЕДІЄНТИ
- 1 столова ложка білого винного оцту
- ½ середньої червоної цибулі, тонко нарізаної
- 3½ унції / 100 г фініків Medjool без кісточок, нарізаних уздовж четвертинками
- 2 ст.л. / 30 г несоленого вершкового масла
- 2 столові ложки оливкової олії
- 2 невеликих лаваша, приблизно 3½ унції / 100 г, приблизно розірвані на 1½ дюйма / 4 см шматки
- ½ склянки / 75 г цілого несоленого мигдалю, крупно нарізаного
- 2 ч.л сумаху
- ½ чайної ложки пластівців чилі
- 5 унцій / 150 г молодого листя шпинату
- 2 столові ложки свіжовичавленого лимонного соку
- сіль

ІНСТРУКЦІЯ
a) Покладіть оцет, цибулю та фініки в невелику миску. Додайте щіпку солі і добре перемішайте руками. Залиште маринуватися на 20 хвилин, потім злийте залишки оцту та викиньте.

b) Тим часом розігрійте масло і половину оливкової олії в середній сковороді на середньому вогні. Додайте лаваш і мигдаль і готуйте 4-6 хвилин, весь час помішуючи, поки лаваш не стане хрустким і не стане золотисто-коричневим. Зніміть з вогню та додайте сумах, пластівці чилі та ¼ чайної ложки солі. Відставте остигати.

c) Коли будете готові до подачі, перемішайте листя шпинату з сумішшю лаваша у великій мисці. Додайте фініки та червону цибулю, решту оливкової олії, лимонний сік і ще одну дрібку солі. Спробуйте приправи та подавайте негайно.

17. Запечені баклажани зі смаженою цибулею

Робить: 4

ІНГРЕДІЄНТИ

- 2 великих баклажана, розрізаних уздовж навпіл разом із плодоніжкою (приблизно 1⅔ фунтів / 750 г загалом)
- ⅔ склянки / 150 мл оливкової олії
- 4 цибулини (загалом близько 1¼ фунта / 550 г), тонко нарізані
- 1½ зеленого чилі
- 1½ чайної ложки меленого кмину
- 1 ч.л сумаху
- 50 г сиру фета, нарізаного великими шматками, 1¾ унції
- 1 середній лимон
- 1 зубчик часнику, подрібнений
- сіль і свіжозмелений чорний перець

ІНСТРУКЦІЯ

a) Розігрійте духовку до 425°F / 220°C.

b) Зрізану сторону кожного баклажана надріжте хрест-навхрест. Змастіть розрізані сторони 6½ ст.л./100 мл олії та рясно посипте сіллю та перцем. Покладіть на деко зрізом догори та запікайте в духовці приблизно 45 хвилин, поки м'якоть не стане золотисто-коричневою та повністю готовою.

c) Поки баклажани смажаться, додайте олію, що залишилася, у велику сковороду і поставте на сильний вогонь. Додайте цибулю та ½ чайної ложки солі та варіть 8 хвилин, часто помішуючи, щоб частини цибулі стали справді темними та хрусткими. Перець чилі очистіть від насіння і подрібніть, відокремлюючи цілий перець від половини. Додайте мелений кмин, сумах і цілий нарізаний перець чилі та варіть ще 2 хвилини, перш ніж додати фету. Варіть останню хвилину, не сильно помішуючи, потім зніміть з вогню.

d) Використовуйте невеликий зубчастий ніж, щоб видалити шкірку та серцевину лимона. Грубо наріжте м'якоть, видаливши насіння, і покладіть м'якоть і будь-який сік у миску з рештою ½ чилі та часником.

e) Збирайте блюдо, як тільки баклажани будуть готові. Перекладіть смажені половинки на сервірувальну тарілку і полийте м'якоть лимонним соусом. Цибулю трохи прогріти і ложкою. Подавайте теплим або відкладіть, щоб він нагрівся до кімнатної температури.

18. Смажені горіхові кабачки з заатаром

Робить: 4

ІНГРЕДІЄНТИ

- 1 великий кабачок масляного горіха (загалом 2½ фунта / 1,1 кг), нарізаний ¾ на 2½ дюйма / 2 на 6 см.
- 2 червоні цибулини, нарізані на 1¼ дюйма / 3 см
- 3½ столові ложки / 50 мл оливкової олії
- 3½ столової ложки легкої пасти тахіні
- 1½ столової ложки лимонного соку
- 2 ст.л води
- 1 маленький зубчик часнику, подрібнений
- 3½ ст.л. / 30 г кедрових горіхів
- 1 столова ложка заатар
- 1 ст.л крупно нарізаної листової петрушки
- Морська сіль Maldon і свіжомелений чорний перець

ІНСТРУКЦІЯ

a) Розігрійте духовку до 475°F / 240°C.

b) Помістіть кабачки та цибулю у велику миску, додайте 3 столові ложки олії, 1 чайну ложку солі та трохи чорного перцю та добре перемішайте. Викладіть на деко шкіркою вниз і запікайте в духовці 30-40 хвилин, поки овочі не набудуть кольору і не приготуються. Слідкуйте за цибулею, оскільки вона може зв$аритися швидше, ніж кабачки, і її потрібно вийняти раніше. Вийняти з духовки і залишити остигати.

c) Щоб приготувати соус, помістіть тахіні в невелику миску разом з лимонним соком, водою, часником і ¼ чайної ложки солі. Збийте, поки соус не стане консистенцією меду, додавши більше води або тахіні, якщо необхідно.

d) Налийте решту 1½ чайної ложки олії в невелику сковорідку і поставте на помірний вогонь. Додайте кедрові горіхи разом із ½ чайної ложки солі та варіть 2 хвилини, часто помішуючи, поки горіхи не стануть золотисто-коричневими. Зніміть з вогню та перекладіть горіхи та олію в невелику миску, щоб зупинити варіння.

e) Для подачі викладіть овочі на велике блюдо та полийте тахіні. Посипте зверху кедровими горіхами та їхньою олією, а потім заатаром і петрушкою.

19. Fava Bean Kuku

Робить: 6

ІНГРЕДІЄНТИ
- 1 фунт / 500 г бобів, свіжих або заморожених
- 5 ст.л. / 75 мл окропу
- 2 столові ложки найдрібнішого цукру
- 5 ст / 45 г сушених ягід барбарису
- 3 ст.л жирних вершків
- ¼ чайної ложки шафранових ниток
- 2 ст.л холодної води
- 5 столових ложок оливкової олії
- 2 середні цибулини, дрібно нарізані
- 4 зубчики часнику, подрібнені
- 7 великих яєць вільного вигулу
- 1 ст.л борошна універсального призначення
- ½ чайної ложки розпушувача
- 1 склянка / 30 г кропу, подрібненого
- ½ склянки / 15 г м'яти, подрібненої
- сіль і свіжозмелений чорний перець

ІНСТРУКЦІЯ
a) Розігрійте духовку до 350°F / 180°C. Покладіть боби в каструлю з великою кількістю киплячої води. Кип'ятіть на повільному вогні 1 хвилину, злийте, оновіть холодною водою та відставте.

b) Налийте 5 столових ложок на 75 мл окропу в середню миску, додайте цукор і перемішайте, щоб він розчинився. Коли сироп стане прохолодним, додайте ягоди барбарису та залиште їх приблизно на 10 хвилин, потім злийте.

c) Доведіть вершки, шафран і холодну воду до кипіння в маленькій каструлі. Одразу зніміть з вогню і відставте на 30 хвилин настоятися.

d) Розігрійте 3 столові ложки оливкової олії на середньому вогні на 10-дюймовій / 25 см антипригарній сковороді, для якої у вас є кришка. Додайте цибулю та готуйте приблизно 4 хвилини, періодично помішуючи, потім додайте часник і готуйте та помішуйте ще 2 хвилини. Перемішайте боби та відкладіть.

e) Добре збийте яйця у великій мисці до утворення піни. Додайте борошно, розпушувач, шафрановий крем, зелень, 1½ чайної ложки солі та ½ чайної ложки перцю та добре збийте. Нарешті додайте барбарис, квасоля та цибулю.

f) Протріть сковороду, додайте решту оливкової олії та поставте в духовку на 10 хвилин, щоб добре розігрілася. Виливаємо яєчну суміш на гарячу сковороду, накриваємо кришкою і запікаємо 15 хвилин. Зніміть кришку і випікайте ще 20-25 хвилин, поки яйця не застигнуть. Вийміть з духовки та дайте відпочити 5 хвилин, перш ніж перевернути на блюдо. Подавати теплим або кімнатної температури.

Салат із сирих артишоків і трав

20. Салат із сирих артишоків і трав

Робить: 2

ІНГРЕДІЄНТИ

- 2 або 3 великі артишоки (1½ фунта / 700 г загалом)
- 3 столові ложки свіжовичавленого лимонного соку
- 4 столові ложки оливкової олії
- 2 склянки / 40 г руколи
- ½ склянки / 15 г порваного листя м'яти
- ½ склянки / 15 г порваного листя кінзи
- 30 г сиру пекоріно тоскано або романо, тонко нарізаного
- Морська сіль Maldon і свіжомелений чорний перець

ІНСТРУКЦІЯ

a) Приготуйте миску з водою, змішаною з половиною лимонного соку. З 1 артишоку видаліть плодоніжку та видаліть жорсткі зовнішні листки. Дійшовши до більш м'якого блідого листя, великим гострим ножем розріжте квітку так, щоб у вас залишилася нижня чверть. Використовуйте невеликий гострий ніж або овочечистку, щоб видалити зовнішні шари артишоку, поки не відкриється основа або дно. Зішкребти волохату «удушку» і помістити основу в підкислену воду. Викиньте решту, потім повторіть з іншими артишоками.

b) Злийте артишоки та обсушіть паперовими рушниками. За допомогою мандоліни або великого гострого ножа наріжте артишоки тонкими скибочками, як папір, і перекладіть у велику миску. Вичавіть лимонний сік, що залишився, додайте оливкову олію та добре перемішайте, щоб покрити. Ви можете залишити артишок на кілька годин, якщо хочете, при кімнатній температурі. Коли будете готові до подачі, додайте до артишоку рукколу, м'яту та кінзу та приправте щедрою ¼ чайної ложки солі та великою кількістю свіжомеленого чорного перцю.

c) Обережно перемішайте та розкладіть по тарілках. Прикрасьте стружкою пекоріно.

21. Змішаний салат з бобів

Робить: 4

ІНГРЕДІЄНТИ

- 10 унцій / 280 г жовтої квасолі, порізаної (якщо немає, подвоїть кількість зеленої квасолі)
- 10 унцій / 280 г зеленої квасолі, порізаної
- 2 червоних перцю, нарізаних смужками ¼ дюйма / 0,5 см
- 3 столові ложки оливкової олії плюс 1 чайна ложка для перцю
- 3 зубчики часнику, тонко нарізані
- 6 столових ложок / 50 г каперсів, промити і обсушити
- 1 чайна ложка насіння кмину
- 2 ч. Л. зерен коріандру
- 4 зелені цибулі, тонко нарізані
- ⅓ склянки / 10 г естрагону, крупно нарізаного
- ⅔ склянки / 20 г зібраного листя кервеля (або суміші зібраного кропу та подрібненої петрушки)
- тертої цедри 1 лимона
- сіль і свіжозмелений чорний перець

ІНСТРУКЦІЯ

a) Розігрійте духовку до 450°F / 220°C.

b) Доведіть велику каструлю з великою кількістю води до кипіння та додайте жовту квасолю. Через 1 хвилину додайте стручкову квасолю і готуйте ще 4 хвилини або поки квасоля не звариться, але все ще стане хрусткою. Освіжіть під крижаною водою, злийте воду, обсушіть і помістіть у велику миску.

c) Тим часом змішайте перець з 1 чайною ложкою олії, викладіть на деко та поставте в духовку на 5 хвилин або до готовності. Вийміть з духовки та додайте в миску з вареною квасолею.

d) Розігрійте 3 столові ложки оливкової олії в маленькій каструлі. Додайте часник і готуйте 20 секунд; додати каперси (обережно, вони плюються!) і смажити ще 15 секунд. Додайте зерна кмину та коріандру та продовжуйте смажити ще 15 секунд. Часник вже повинен стати золотистим. Знімаємо з вогню і відразу виливаємо вміст сковороди на квасолю. Перемішайте та додайте зелену цибулю, трави, цедру лимона, щедру ¼ чайної ложки солі та чорний перець.

e) Подавайте або зберігайте в холодильнику протягом доби. Тільки не забудьте повернути до кімнатної температури перед подачею.

22.   Фрикадельки з цибулі-порею

Робить: 4 НА ПОЧАТКУ

ІНГРЕДІЄНТИ

- 6 великих нарізаних цибулі-порею (загалом приблизно 1¾ фунта / 800 г)
- 9 унцій / 250 г яловичого фаршу
- 1 склянка / 90 г сухарів
- 2 великих яйця на вільному вигулі
- 2 ст ложки соняшникової олії
- ¾ до 1¼ склянки / 200 до 300 мл курячого бульйону
- ⅓ склянки / 80 мл свіжовичавленого лимонного соку (приблизно 2 лимони)
- ⅓ склянки / 80 г грецького йогурту
- 1 столова ложка дрібно нарізаної листової петрушки
- сіль і свіжозмелений чорний перець

ІНСТРУКЦІЯ

a) Наріжте цибулю-порей скибочками ¾ дюйма / 2 см і готуйте їх на пару приблизно 20 хвилин, поки вони повністю не стануть м'якими. Процідіть і дайте охолонути, потім вичавіть залишки води кухонним рушником. Обробіть цибулю-порей у кухонному комбайні, кілька разів перемішуючи, поки вона добре не подрібниться, але не стане кашкою. Помістіть цибулю-порей у велику миску разом із м'ясом, сухарями, яйцями, 1¼ чайної ложки солі та 1 чайною ложкою чорного перцю. Сформуйте з суміші плоскі котлети розміром приблизно 2¾ на ¾ дюймів / 7 на 2 см — це має вийти 8. Охолодіть на 30 хвилин.

b) Розігрійте олію на середньому сильному вогні у великій сковороді з товстим дном, для якої у вас є кришка. Обсмажити котлети з двох сторін до золотистої скоринки; це можна робити партіями, якщо необхідно.

c) Витріть сковороду паперовим рушником, а потім викладіть фрикадельки на дно, злегка внахлест, якщо потрібно. Налийте стільки бульйону, щоб майже, але не повністю покрити котлети. Додайте лимонний сік і ½ чайної ложки солі. Доведіть до кипіння, потім накрийте кришкою і варіть на повільному вогні 30 хвилин. Зніміть кришку і готуйте ще кілька хвилин, якщо потрібно, поки майже вся рідина не випарується. Зніміть каструлю з вогню і відставте остигати.

d) Подавайте фрикадельки теплими або кімнатної температури, додавши шматочок йогурту та посипавши петрушкою.

23. Ханука Салат з кольрабі

Робить: 4

ІНГРЕДІЄНТИ

- 3 кольрабі середнього розміру (загалом 1⅔ фунтів / 750 г)
- ⅓ склянки / 80 г грецького йогурту
- 5 ст / 70 г сметани
- 3 столові ложки сиру маскарпоне
- 1 маленький зубчик часнику, подрібнений
- 1½ чайної ложки свіжовичавленого лимонного соку
- 1 столова ложка оливкової олії
- 2 столові ложки дрібно подрібненої свіжої м'яти
- 1 чайна ложка сушеної м'яти
- приблизно 12 гілочок / 20 г дитячого крес-салату
- ¼ чайної ложки сумаху
- сіль і білий перець

ІНСТРУКЦІЯ

a) Очистіть капусту кольрабі, наріжте кубиками ⅔ дюйма / 1,5 см і покладіть у велику миску. Відкладіть і зробіть заправку.

b) Покладіть йогурт, сметану, маскарпоне, часник, лимонний сік і оливкову олію в середню миску. Додайте ¼ чайної ложки солі та здорового меленого перцю та збийте до однорідності. Додайте заправку до кольрабі, потім свіжу та сушену м'яту та половину крес-салату.

c) Акуратно перемішайте, потім викладіть на сервірувальне блюдо. Зверху посипте крес-салатом, що залишився, і посипте сумахом.

24. Соло з коренеплодів з лабне

Робить: 6

ІНГРЕДІЄНТИ

- 3 середніх буряка (загалом 1 фунт / 450 г)
- 2 середні моркви (9 унцій / 250 г загалом)
- ½ кореня селери (всього 300 г)
- 1 середня кольрабі (9 унцій / 250 г загалом)
- 4 столові ложки свіжовичавленого лимонного соку
- 4 столові ложки оливкової олії
- 3 столові ложки хересного оцту
- 2 чайні ложки найдрібнішого цукру
- ¾ склянки 25 г крупно нарізаного листя кінзи
- ¾ склянки 25 г листя м'яти, подрібнених
- ⅔ склянки / 20 г плоского листя петрушки, крупно нарізаного
- ½ столової ложки тертої цедри лимона
- 1 склянка / 200 г лабне (куплений в магазині абодивіться рецепт)
- сіль і свіжозмелений чорний перець
- Очистіть усі овочі та наріжте їх тонкими скибочками, приблизно 1/16 маленького гострого чилі, дрібно нарізаного

ІНСТРУКЦІЯ

a) Помістіть лимонний сік, оливкову олію, оцет, цукор і 1 чайну ложку солі в невелику каструлю. Доведіть до слабкого кипіння і помішуйте, поки цукор і сіль не розчиняться. Зняти з плити.

b) Злийте овочеві смужки і перекладіть на паперовий рушник, щоб добре просушити. Висушіть миску та замініть овочі. Гарячою заправкою залити овочі, добре перемішати і залишити остигати. Поставте в холодильник мінімум на 45 хвилин.

c) Коли будете готові до подачі, додайте в салат трави, цедру лимона та 1 чайну ложку чорного перцю. Добре перемішайте, спробуйте та додайте більше солі, якщо потрібно. Розкладіть на сервірувальні тарілки та подавайте з лабне збоку.

25. Смажені помідори з часником

Робить: від 2 до 4

ІНГРЕДІЄНТИ

- 3 великих зубчики часнику, подрібнити
- ½ невеликого гострого чилі, дрібно нарізаного
- 2 ст.л. подрібненої листової петрушки
- 3 великих стиглих, але твердих помідора (загалом приблизно 1 фунт / 450 г)
- 2 столові ложки оливкової олії
- Морська сіль Maldon і свіжомелений чорний перець
- сільський хліб, для подачі

ІНСТРУКЦІЯ

a) Змішайте часник, чилі та подрібнену петрушку в невеликій мисці та відставте. Помістіть помідори зверху та хвостиком і наріжте вертикально скибочками приблизно ⅔ дюйма / 1,5 см завтовшки.

b) Розігрійте олію у великій сковороді на середньому вогні. Додайте скибочки помідорів, приправте сіллю та перцем і готуйте приблизно 1 хвилину, потім переверніть, знову приправте сіллю та перцем і посипте часниковою сумішшю. Продовжуйте готувати ще близько хвилини, періодично струшуючи сковороду, потім знову переверніть скибочки та готуйте ще кілька секунд, поки вони не стануть м'якими, але не стануть кашоподібними.

c) Переверніть помідори на сервірувальну тарілку, полийте соком, що виділився зі сковороди, і негайно подавайте разом із хлібом.

26. Пюре з буряка з йогуртом і заатаром

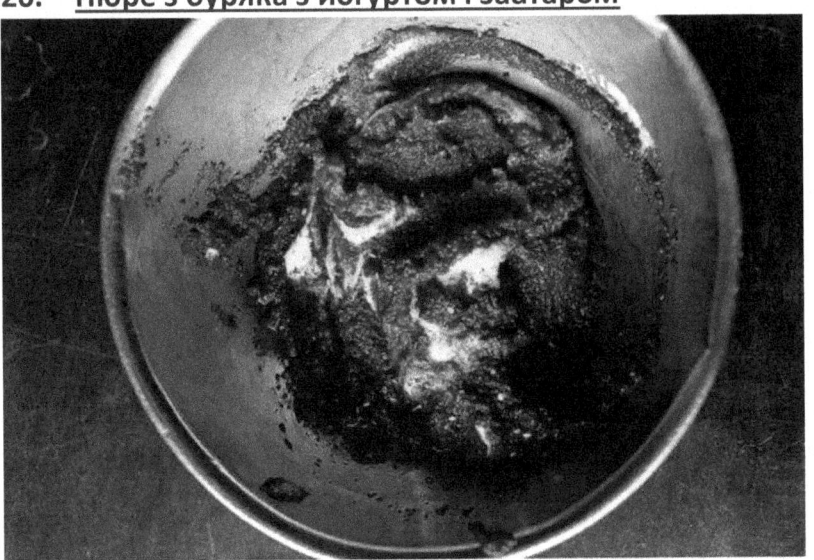

Робить: 6

ІНГРЕДІЄНТИ

- 2 фунта / 900 г середнього буряка (приблизно 1 фунт / 500 г загалом після варіння та очищення від шкірки)
- 2 зубчики часнику, подрібнені
- 1 маленький червоний чилі, очищений від насіння і дрібно нарізаний
- округлений 1 склянка / 250 г грецького йогурту
- 1½ столової ложки фінікового сиропу
- 3 столові ложки оливкової олії, плюс додаткове для завершення страви
- 1 столова ложка заатар
- сіль
- ПРИКРАШУВАТИ
- 2 зелені цибулі, тонко нарізані
- 2 столові ложки / 15 г підсмажених лісових горіхів, крупно подрібнених
- 60 г м'якого подрібненого сиру з козячого молока

ІНСТРУКЦІЯ

a) Розігрійте духовку до 400°F / 200°C.

b) Буряк помийте і викладіть у сковороду. Поставте їх у духовку та готуйте, не накриваючи кришкою, доки ніж легко не ковзатиме в центр, приблизно 1 годину. Коли вони достатньо охолонуть, очистіть буряк від шкірки та розріжте кожен приблизно на 6 частин. Дати охолонути.

c) Помістіть буряк, часник, чилі та йогурт у кухонний комбайн і змішайте до однорідної пасти. Перекладіть у велику миску і додайте фініковий сироп, оливкову олію, заатар і 1 чайну ложку солі. Спробуйте на смак і додайте більше солі, якщо хочете.

d) Перекладіть суміш на плоску сервірувальну тарілку і за допомогою зворотної сторони ложки розподіліть її по тарілці. Зверху посипте зеленою цибулею, фундуком і сиром і нарешті збризніть невеликою кількістю олії. Подавайте при кімнатній температурі.

27. Оладки з мангольдом

Робить: 4 НА ПОЧАТКУ

ІНГРЕДІЄНТИ

- 14 унцій / 400 г листя мангольда, видалені білі стебла
- 1 унція / 30 г плоскої петрушки
- ⅔ унції / 20 г кінзи
- ⅔ унції / 20 г кропу
- 1½ чайної ложки тертого мускатного горіха
- ½ чайної ложки цукру
- 3 ст.л борошна універсального призначення
- 2 зубчики часнику, подрібнені
- 2 великих яйця на вільному вигулі
- 80 г сиру фета, поламаного на дрібні шматочки
- 4 столові ложки / 60 мл оливкової олії
- 1 лимон, розрізаний на 4 часточки
- сіль і свіжозмелений чорний перець

ІНСТРУКЦІЯ

a) Доведіть велику каструлю з підсоленою водою до кипіння, додайте мангольд і варіть 5 хвилин. Злийте листя і добре відіжміть їх до повного висихання. Покладіть у кухонний комбайн разом із зеленню, мускатним горіхом, цукром, борошном, часником, яйцями, великою кількістю ¼ чайної ложки солі та трохи чорного перцю. Збивайте до однорідності, а потім вручну перемішайте фету через суміш.

b) Налийте 1 столову ложку олії в середню сковорідку. Поставте на середньо-сильний вогонь і ложкою додайте столову ложку суміші для кожної оладки. Обережно натисніть, щоб отримати оладку 2¾ дюйма / 7 см завширшки та ⅜ дюйма / 1 см завтовшки. Ви повинні вмістити приблизно 3 оладки за раз. Готуйте оладки 3-4 хвилини, один раз перевертаючи, доки вони трохи не забарвляться.

c) Перекладіть на паперові рушники, а потім тримайте кожну партію в теплі, поки ви готуєте решту суміші, додаючи решту олії за потреби. Подавайте одразу з дольками лимона.

28. Пряний нут і овочевий салат

Робить: 4

ІНГРЕДІЄНТИ

- ½ склянки / 100 г сушеного нуту
- 1 чайна ложка харчової соди
- 2 невеликих огірка (10 унцій / 280 г загалом)
- 2 великих помідори (10½ унцій / 300 г загалом)
- 8½ унцій / 240 г редиски
- 1 червоний перець, видалений насіння та ребра
- 1 маленька червона цибулина, очищена
- ⅔ унції / 20 г листя і стебел кінзи, крупно нарізаних
- ½ унції / 15 г петрушки з плоским листом, крупно нарізаної
- 6 столових ложок / 90 мл оливкової олії
- тертої цедри 1 лимона, плюс 2 ст.л соку
- 1½ столової ложки хересного оцту
- 1 зубчик часнику, подрібнений
- 1 чайна ложка найдрібнішого цукру
- 1 чайна ложка меленого кардамону
- 1½ чайної ложки меленого запашного перцю
- 1 ч.л меленого кмину
- грецький йогурт (за бажанням)
- сіль і свіжозмелений чорний перець

ІНСТРУКЦІЯ

a) Замочіть сушений нут на ніч у великій мисці з великою кількістю холодної води та харчової соди. Наступного дня злийте воду, помістіть у велику каструлю і залийте водою, що в два рази перевищує об'єм нуту. Доведіть до кипіння і варіть, знімаючи піну, близько години, поки вона повністю не стане м'якою, потім злийте.

b) Наріжте огірок, помідор, редис і перець кубиками ⅔ дюйма / 1,5 см; наріжте цибулю кубиками ¼ дюйма / 0,5 см. Змішайте все в мисці з кінзою і петрушкою.

c) У баночці або контейнері, що закривається, змішайте 5 столових ложок / 75 мл оливкової олії, лимонний сік і цедру, оцет, часник і цукор і добре перемішайте, щоб утворити заправку, потім приправте за смаком сіллю і перцем. Полийте салат заправкою і злегка перемішайте.

d) Змішайте разом кардамон, запашний перець, кмин і ¼ чайної ложки солі та викладіть на тарілку. Киньте зварений нут у суміші спецій кількома порціями, щоб добре покрити. Розігрійте решту оливкової олії на сковороді на середньому вогні та злегка обсмажте нут протягом 2-3 хвилин, обережно струшуючи сковороду, щоб він рівномірно пропікав і не прилипав. Тримати теплим.

e) Розподіліть салат на чотири тарілки, розташувавши їх у вигляді великого кола, і ложкою викладіть зверху теплий нут зі спеціями, щоб край салату був чистим. Ви можете скропити грецьким йогуртом зверху, щоб зробити салат кремовим.

29. Баклажани Chermoula з булгуром і йогуртом

Склад: 4 ЯК ОСНОВНА СТРАВА

ІНГРЕДІЄНТИ
- 2 зубчики часнику, подрібнені
- 2 ч.л меленого кмину
- 2 ч.л меленого коріандру
- 1 чайна ложка пластівців чилі
- 1 ч.л солодкої паприки
- 2 столові ложки дрібно нарізаної консервованої лимонної цедри (купленої в магазині абодивіться рецепт)
- ⅔ склянки / 140 мл оливкової олії, плюс додаткова до завершення
- 2 середніх баклажана
- 1 склянка / 150 г тонкого булгуру
- ⅔ склянки / 140 мл окропу
- ⅓ склянки / 50 г золотого родзинок
- 3½ ст.л./50 мл теплої води
- ⅓ унції / 10 г кінзи, нарізаної, плюс додатковий напій
- ⅓ унції / 10 г м'яти, подрібненої
- ⅓ склянки / 50 г зелених оливок без кісточок, розрізаних навпіл
- ⅓ чашки / 30 г нарізаного мигдалю, підсмаженого
- 3 зелені цибулі, нарізані
- 1½ столової ложки свіжовичавленого лимонного соку
- ½ склянки / 120 г грецького йогурту
- сіль

ІНСТРУКЦІЯ
a) Розігрійте духовку до 400°F / 200°C.
b) Щоб приготувати чермулу, змішайте в маленькій мисці часник, кмин, коріандр, чилі, паприку, консервований лимон, дві третини оливкової олії та ½ чайної ложки солі.
c) Баклажани розріжте уздовж навпіл. На м'якоті кожної половинки нанесіть глибокі діагональні хрестоподібні надрізи, стежачи за тим, щоб не проткнути шкіру. Покладіть

шермули на кожну половинку, рівномірно розподіливши, і викладіть на деко розрізом догори. Поставте в духовку і запікайте 40 хвилин, або поки баклажани не стануть повністю м'якими.

d) Тим часом покладіть булгур у велику миску й залийте окропом.

e) Замочіть родзинки в теплій воді. Через 10 хвилин злийте родзинки і додайте їх до булгуру разом із олією, що залишилася. Додайте трави, оливки, мигдаль, зелену цибулю, лимонний сік і щіпку солі та перемішайте, щоб з'єднати. Спробуйте на смак і додайте більше солі, якщо необхідно.

f) Подавайте баклажани теплими або кімнатної температури. Покладіть ½ баклажана зрізом догори на кожну окрему тарілку. Ложкою викладіть булгур зверху, дозволяючи трохи впасти з обох сторін. Налийте трохи йогурту, посипте кінзою та закінчіть краплинкою олії.

30. Смажена цвітна капуста з тахіні

Робить: 6

ІНГРЕДІЄНТИ

- 2 склянки / 500 мл соняшникової олії
- 2 середні головки цвітної капусти (загалом 2¼ фунта / 1 кг), розділені на маленькі суцвіття
- 8 зелених цибулин, кожен розділений на 3 довгих часточки
- ¾ склянки / 180 г легкої пасти тахіні
- 2 зубчики часнику, подрібнені
- ¼ склянки / 15 г плоскої петрушки, подрібненої
- ¼ чашки / 15 г подрібненої м'яти, плюс додатковий до кінця
- ⅔ склянки / 150 г грецького йогурту
- ¼ склянки / 60 мл свіжовичавленого лимонного соку плюс терта цедра 1 лимона
- 1 чайна ложка гранатової патоки, плюс додаткова до завершення
- приблизно ¾ склянки / 180 мл води
- Морська сіль Maldon і свіжомелений чорний перець

ІНСТРУКЦІЯ

a) Розігрійте соняшникову олію у великій каструлі на середньому сильному вогні. За допомогою металевих щипців або металевої ложки обережно покладіть кілька суцвіть цвітної капусти в олію та готуйте їх 2-3 хвилини, перевертаючи, щоб вони рівномірно забарвилися. Коли вони стануть золотисто-коричневими, за допомогою шумівки перемістіть суцвіття на друшляк, щоб стекло. Трохи посолити. Продовжуйте порціями, поки не закінчите всю цвітну капусту. Потім обсмажте зелену цибулю порціями, але лише приблизно 1 хвилину. Додайте до цвітної капусти. Дайте обом трохи охолонути.

b) Перелийте пасту тахіні у велику миску і додайте часник, подрібнену зелень, йогурт, лимонний сік і цедру, гранатову патоку, трохи солі та перцю. Добре перемішайте дерев'яною ложкою, додаючи воду. Соус тахіні загусне, а потім розпушиться, коли ви додасте воду. Не додавайте занадто багато, достатньо, щоб отримати густу, але гладку, текучу консистенцію, трохи схожу на мед.

c) Додайте цвітну капусту та зелену цибулю до тахіні та добре перемішайте. Спробуйте та відрегулюйте приправи. Ви також можете додати більше лимонного соку.

d) Щоб подавати, покладіть ложкою в миску для подачі та додайте кілька крапель гранатової патоки та трохи м'яти.

31. Салат із смаженої цвітної капусти та фундука

Робить: 2 ДО 4

ІНГРЕДІЄНТИ

- 1 головка цвітної капусти, розбита на маленькі суцвіття (1½ фунта / 660 г загалом)
- 5 столових ложок оливкової олії
- 1 велике стебло селери, нарізане під кутом скибочками ¼ дюйма / 0,5 см (⅔ чашки / 70 г загалом)
- 5 ст.л./30 г фундука з шкіркою
- ⅓ чашки / 10 г дрібного плосколистого листя петрушки, зібраного
- ⅓ склянки / 50 г зерен граната (приблизно з ½ середнього граната)
- щедрої ¼ чайної ложки меленої кориці
- щедрої ¼ чайної ложки меленого запашного перцю
- 1 столова ложка хересного оцту
- 1½ чайної ложки кленового сиропу
- сіль і свіжозмелений чорний перець

ІНСТРУКЦІЯ

a) Розігрійте духовку до 425°F / 220°C.

b) Змішайте цвітну капусту з 3 столовими ложками оливкової олії, ½ чайної ложки солі та трохи чорного перцю. Розкладіть у формі для смаження та запікайте на верхній решітці духовки протягом 25–35 хвилин, поки цвітна капуста не стане хрусткою, а її частини не стануть золотисто-коричневими. Перекладіть у велику миску для змішування та відставте остигати.

c) Зменшіть температуру духовки до 325°F / 170°C. Розкладіть лісові горіхи на деку, застеленому пергаментним папером, і обсмажте 17 хвилин.

d) Дайте горіхам трохи охолонути, потім крупно наріжте їх і додайте до цвітної капусти разом із рештою олії та іншими інгредієнтами. Перемішайте, спробуйте і приправте сіллю і перцем відповідно. Подавайте при кімнатній температурі.

32. Аджа (хлібні оладки)

Робить: БЛИЗЬКО 8 ОЛАДОК

ІНГРЕДІЄНТИ
- 4 скибочки білого хліба, видалені скоринки (загалом 3 унції / 80 г)
- 4 дуже великих яйця на вільному вигулі
- 1½ чайної ложки меленого кмину
- ½ чайної ложки солодкого перцю
- ¼ чайної ложки кайенского перцю
- 1 унція / 25 г шніт-луку, нарізаного
- 1 унція / 25 г подрібненої петрушки
- ⅓ унції / 10 г подрібненого естрагону
- 1½ унції / 40 г сиру фета, подрібненого
- соняшникової олії, для смаження
- сіль і свіжозмелений чорний перець

ІНСТРУКЦІЯ
a) Замочіть хліб у великій кількості холодної води на 1 хвилину, потім добре відіжміть.

b) Накришіть розмочений хліб у середню миску, потім додайте яйця, спеції, ½ чайної ложки солі та ¼ чайної ложки перцю та добре збийте. Змішайте подрібнену зелень і фету.

c) Розігрійте 1 столову ложку олії в середній сковороді на середньому сильному вогні. Викладіть приблизно 3 столові ложки суміші в центр сковороди для кожної оладки та розрівняйте її нижньою стороною ложки; оладки мають бути товщиною від ¾ до 1¼ дюймів/2 до 3 см. Смажте оладки по 2-3 хвилини з кожного боку, до золотистої скоринки. Повторіть з тістом, що залишилося. Має вийти приблизно 8 оладок.

d) Крім того, ви можете смажити все тісто відразу, як і великий омлет. Наріжте і подавайте теплим або кімнатної температури.

33.   Гострий морквяний салат

Робить: 4

ІНГРЕДІЄНТИ

- 6 великих морквин, очищених (приблизно 1½ фунта / 700 г загалом)
- 3 ст ложки соняшникової олії
- 1 велика цибулина, дрібно нарізана (2 склянки / 300 г всього)
- 1 ст.лПільпельчумаабо 2 ст.л хариси (магазинної абодивіться рецепт)
- ½ чайної ложки меленого кмину
- ½ чайної ложки кмину, свіжозмеленого
- ½ чайної ложки цукру
- 3 столові ложки яблучного оцту
- 1½ склянки / 30 г листя руколи
- сіль

ІНСТРУКЦІЯ

a) Покладіть моркву у велику каструлю, залийте водою і доведіть до кипіння. Зменшіть вогонь, накрийте кришкою і готуйте приблизно 20 хвилин, поки морква не стане ніжною. Процідіть і, коли охолоне, наріжте скибочками ¼ дюйма / 0,5 см.

b) Поки морква готується, розігрійте половину олії у великій сковороді. Додайте цибулю і готуйте на середньому вогні 10 хвилин до золотистого кольору.

c) Пересипте смажену цибулю у велику миску і додайте пільпельчуму, кмин, кмин, ¾ чайної ложки солі, цукор, оцет і олію, що залишилася. Додати моркву і добре перемішати. Залиште принаймні на 30 хвилин, щоб аромати дозріли.

d) Розкладіть салат на великому блюді, посипаючи рукколою по ходу.

34.   Ханука<u>Шакшука</u>

Робить: 2 ДО 4

ІНГРЕДІЄНТИ

- 2 столові ложки оливкової олії
- 2 ст.лПільпельчумаабо хариса (куплена в магазині абодивіться рецепт)
- 2 ч.л томатної пасти
- 2 великі червоні перці, нарізані кубиками ¼ дюйма / 0,5 см (2 чашки / 300 г загалом)
- 4 зубчики часнику, дрібно нарізати
- 1 ч.л меленого кмину
- 5 великих, дуже стиглих помідорів, нарізаних (5 склянок / 800 г всього); консерви теж підходять
- 4 великих яйця на вільному вигулі плюс 4 жовтки
- ½ склянки / 120 г лабне (куплений в магазині абодивіться рецепт) або густий йогурт
- сіль

ІНСТРУКЦІЯ

a) Розігрійте оливкову олію у великій сковороді на середньому вогні та додайте пільпельчуму або харісу, томатну пасту, перець, часник, кмин і ¾ чайної ложки солі. Перемішайте і готуйте на середньому вогні приблизно 8 хвилин, щоб перець розм'якшив. Додайте помідори, доведіть до слабкого кипіння та варіть ще 10 хвилин, поки не вийде досить густий соус. Смакувати приправою.

b) Зробіть 8 маленьких умочень у соусі. Акуратно розбийте яйця і обережно вилийте кожне в окремий соус. Те ж саме зробити з жовтками. За допомогою виделки трохи перемішайте яєчні білки з соусом, стежачи за тим, щоб не розбити жовтки. Тушкуйте на повільному вогні 8-10 хвилин, поки яєчні білки не затвердіють, але жовтки все ще будуть рідкими (ви можете накрити сковороду кришкою, якщо хочете прискорити процес).

c) Зніміть з вогню, залиште на пару хвилин, щоб відстоятися, потім розкладіть по окремих тарілках і подавайте з лабне або йогуртом.

35. Баттернат сквош і тахіні

Робить: 6 ДО 8

ІНГРЕДІЄНТИ
- 1 дуже великий гарбуз (приблизно 2½ фунта / 1,2 кг), очищений і нарізаний шматочками (загалом 7 чашок / 970 г)
- 3 столові ложки оливкової олії
- 1 ч. ложка меленої кориці
- 5 столових ложок / 70 г легкої пасти тахіні
- ½ склянки / 120 г грецького йогурту
- 2 невеликих зубчики часнику, подрібнені
- 1 чайна ложка змішаного чорного та білого кунжуту (або просто білого, якщо у вас немає чорного)
- 1½ чайної ложки фінікового сиропу
- 2 столові ложки нарізаної кінзи (за бажанням)
- сіль

ІНСТРУКЦІЯ
a) Розігрійте духовку до 400°F / 200°C.
b) Розкладіть патисони в сковорідку середнього розміру. Полийте оливковою олією та посипте корицею та ½ чайної ложки солі. Добре перемішайте, щільно накрийте деко алюмінієвою фольгою та запікайте в духовці 70 хвилин, перемішуючи один раз під час приготування. Вийняти з духовки і залишити остигати.
c) Перемістіть кабачки в кухонний комбайн разом із тахіні, йогуртом і часником. Грубо подрібніть так, щоб все з'єдналося в грубу пасту, але не стала гладкою; ви також можете зробити це вручну за допомогою виделки або картопледавки.
d) Розкладіть горіх хвилеподібним малюнком на плоскій тарілці, посипте насінням кунжуту, збризніть сиропом і закінчіть кінзою, якщо використовується.

36. Гострий салат з буряка, цибулі-порею та волоських горіхів

ІНГРЕДІЄНТИ

- 4 середні буряки (⅓ фунтів / 600 г загалом після варіння та очищення)
- 4 середніх цибулі-порею, нарізаних на сегменти по 4 дюйма / 10 см (загалом 4 чашки / 360 г)
- ½ унції / 15 г кінзи, крупно нарізаної
- 1¼ склянки / 25 г руколи
- ⅓ склянки / 50 г зерен граната (за бажанням)
- Одягання
- 1 склянка / 100 г волоських горіхів, крупно подрібнених
- 4 зубчики часнику, дрібно нарізати
- ½ чайної ложки пластівців чилі
- ¼ склянки / 60 мл сидрового оцту
- 2 столові ложки тамариндової води
- ½ чайної ложки олії волоського горіха
- 2½ столові ложки арахісової олії
- 1 чайна ложка солі

ІНСТРУКЦІЯ

a) Розігрійте духовку до 425°F / 220°C.

b) Загорніть буряк окремо в алюмінієву фольгу та запікайте в духовці від 1 до 1,5 години, залежно від їх розміру. Після приготування ви зможете легко встромити маленький ніж у центр. Вийміть з духовки та відставте остигати.

c) Коли буряк достатньо охолоне, очистіть його від шкірки, розділіть навпіл і наріжте кожну половину на скибочки товщиною ⅜ дюйма / 1 см біля основи. Покладіть у середню миску та відставте.

d) Помістіть цибулю-порей у середню каструлю з підсоленою водою, доведіть до кипіння та варіть на повільному вогні 10 хвилин, поки вона не звариться; важливо обережно гасити їх і не переварювати, щоб вони не розвалилися. Злийте та оновіть під холодною водою, а потім дуже гострим зубчастим ножем розріжте кожен сегмент на 3 менші частини та обсушіть. Перекладіть в миску, відокремте від буряка і відставте.

e) Поки овочі готуються, змішайте всі інгредієнти для заправки та залиште в стороні принаймні на 10 хвилин, щоб всі смаки з'єдналися.

f) Розділіть горіхову заправку та кінзу порівну між буряком і цибулею-пореєм і обережно перемішайте. Спробуйте обидва та додайте більше солі, якщо потрібно.

g) Щоб скласти салат, розкладіть більшу частину буряка на блюді для сервірування, зверху покладіть трохи руколи, потім більшу частину цибулі-порею, потім буряк, що залишився, і завершіть ще цибулею-порей і руколою. Посипте зернами граната, якщо використовуєте, і подавайте.

37. Обвуглена бамія з помідорами

ІНГРЕДІЄНТИ

- 10½ унцій / 300 г дитячої або дуже маленької бамії
- 2 столові ложки оливкової олії, плюс більше, якщо потрібно
- 4 зубчики часнику, тонко нарізані
- ⅔ унції / 20 г консервованої лимонної цедри (придбаної в магазині абодивіться рецепт), нарізати на ⅜-дюйми / 1 см клини
- 3 невеликі помідори (загалом 7 унцій / 200 г), нарізані на 8 часточок, або навпіл помідори черрі
- 1½ чайної ложки подрібненої листової петрушки
- 1½ чайної ложки подрібненої кінзи
- 1 столова ложка свіжовичавленого лимонного соку
- Морська сіль Maldon і свіжомелений чорний перець

ІНСТРУКЦІЯ

a) Маленьким гострим фруктовим ножем обріжте стручки бамії, видаливши ніжку над стручком, щоб не оголити насіння.

b) Поставте велику сковороду з товстим дном на сильний вогонь і залиште на кілька хвилин. Коли вона майже розжариться, додайте бамію двома порціями та варіть насухо, періодично струшуючи сковороду, по 4 хвилини кожну партію. Стручки бамії повинні іноді мати темні пухирі.

c) Поверніть всю обвуглену бамію на сковороду та додайте оливкову олію, часник і консервований лимон. Смажте, помішуючи, 2 хвилини, струшуючи сковороду. Зменшіть вогонь до середнього та додайте помідори, 2 столові ложки води, подрібнену зелень, лимонний сік, ½ чайної ложки солі та трохи чорного перцю. Акуратно все перемішайте, щоб помідори не розпалися, і продовжуйте варити 2-3 хвилини, поки помідори не прогріються. Перекладіть на сервірувальне блюдо, збризніть оливковою олією, додайте дрібку солі та подавайте.

38. Палені баклажани з зернами граната

Складає: 4 ЯК ЧАСТИНА МЕЗЕВОЇ ПАРІЛКИ

ІНГРЕДІЄНТИ

- 4 великих баклажана (3¼ фунта / 1,5 кг перед приготуванням; 2½ склянки / 550 г після спалювання та зливання м'якоті)
- 2 зубчики часнику, подрібнені
- тертої цедри 1 лимона і 2 ст.л свіжовичавленого лимонного соку
- 5 столових ложок оливкової олії
- 2 ст.л. подрібненої листової петрушки
- 2 ст.л. подрібненої м'яти
- зерна ½ великого граната (½ склянки / 80 г всього)
- сіль і свіжозмелений чорний перець

ІНСТРУКЦІЯ

a) Якщо у вас є газова плита, застеліть основу алюмінієвою фольгою, щоб захистити її, залишаючи відкритими лише конфорки. Помістіть баклажани безпосередньо на чотири окремі газові конфорки із середнім полум'ям і смажте протягом 15–18 хвилин, поки шкірка не підгорить і не стане лущитися, а м'якоть стане м'якою. Час від часу повертайте їх металевими щипцями. Крім того, надріжте баклажани ножем у кількох місцях приблизно на ¾ дюйма / 2 см у глибину та покладіть на деко під жаровню приблизно на годину. Перевертайте їх приблизно кожні 20 хвилин і продовжуйте готувати, навіть якщо вони лопаються і ламаються.

b) Зніміть баклажани з вогню і дайте їм трохи охолонути. Коли баклажани достатньо охолонуть, виріжте отвори вздовж кожного баклажана та вийміть м'яку м'якоть, розділивши її руками на довгі тонкі смужки. Викиньте шкірку. Злийте м'якоть на друшляк принаймні на годину, а краще довше, щоб позбутися якомога більше води.

c) Помістіть м'якоть баклажанів у середню миску та додайте часник, лимонну цедру та сік, оливкову олію, ½ чайної ложки солі та добре мелений чорний перець. Перемішайте і дайте баклажанам промаринуватися при кімнатній температурі не менше години.

d) Коли будете готові до подачі, змішайте більшість трав і спробуйте приправи. Викладіть на тарілку для подачі, посипте зернами граната та прикрасьте рештою зелені.

39. Салат з петрушки та ячменю

Робить: 4
ІНГРЕДІЄНТИ

- ¼ склянки / 40 г перлової крупи
- 5 унцій / 150 г сиру фета
- 5½ столових ложки оливкової олії
- 1 чайна ложка заатар
- ½ чайної ложки насіння коріандру, злегка підсмажених і подрібнених
- ¼ чайної ложки меленого кмину
- 3 унції / 80 г плосколистої петрушки, листя і тонких стебел
- 4 зелені цибулі, дрібно нарізані (⅓ чашки / 40 г всього)
- 2 зубчики часнику, подрібнені
- ⅓ склянки / 40 г горіхів кешью, злегка підсмажених і крупно подрібнених
- 1 зелений перець, очищений від насіння та нарізаний кубиками ⅜ дюйма/1 см
- ½ чайної ложки меленого запашного перцю
- 2 столові ложки свіжовичавленого лимонного соку
- сіль і свіжозмелений чорний перець

ІНСТРУКЦІЯ

a) Помістіть перлову крупу в невелику каструлю, залийте великою кількістю води і варіть 30-35 хвилин, поки вона не стане м'якою, але не на шматочки. Перелийте в дрібне сито, струсіть, щоб видалити всю воду, і перекладіть у велику миску.

b) Розламайте фету на грубі шматочки розміром приблизно ¾ дюйма / 2 см і змішайте в маленькій мисці з 1½ столової ложки оливкової олії, заатаром, насінням коріандру та кмином. Акуратно перемішайте і залиште маринуватися, поки ви готуєте решту салату.

c) Дрібно наріжте петрушку та помістіть її в миску разом із зеленою цибулею, часником, горіхами кешью, перцем, запашним перцем, лимонним соком, оливковою олією, що залишилася, і вареною крупою. Добре перемішайте і приправте за смаком. Для подачі розділіть салат на чотири тарілки та покладіть зверху мариновану фету.

40. Масляний салат з цукіні та помідорів

Робить: 6

ІНГРЕДІЄНТИ

- 8 блідо-зелених цукіні або звичайних цукіні (приблизно 2¼ фунта / 1 кг загалом)
- 5 великих дуже стиглих помідорів (загалом 1¾ фунта / 800 г)
- 3 столові ложки оливкової олії плюс додаткова до завершення
- 2½ склянки / 300 г грецького йогурту
- 2 зубчики часнику, подрібнені
- 2 червоних чилі, очищених від насіння і подрібнених
- тертої цедри 1 середнього лимона і 2 ст.л. свіжовичавленого лимонного соку
- 1 столова ложка сиропу з фініків, а також додатковий напій
- 2 склянки / 200 г волоських горіхів, крупно подрібнених
- 2 ст.л. подрібненої м'яти
- ⅔ унції / 20 г плоскої петрушки, нарізаної
- сіль і свіжозмелений чорний перець

ІНСТРУКЦІЯ

a) Розігрійте духовку до 425°F / 220°C. Поставте ребристу сковорідку на сильний вогонь.

b) Цукіні обріжте і розріжте уздовж навпіл. Помідори також розріжте навпіл. Змастіть цукіні та помідори оливковою олією з боку надрізу, приправте сіллю та перцем.

c) На цей момент сковорода має бути гарячою. Почніть з цукіні. Викладіть кілька з них на сковороду розрізом вниз і готуйте 5 хвилин; кабачки повинні гарненько обсмажитися з одного боку. Тепер вийміть цукіні і повторіть те ж саме з помідорами. Помістіть овочі в форму для запікання і поставте в духовку приблизно на 20 хвилин, поки кабачки не стануть дуже м'якими.

d) Вийміть форму з духовки і дайте овочам трохи охолонути. Крупно наріжте їх і залиште на 15 хвилин на друшляку.

e) Збийте йогурт, часник, чилі, лимонну цедру та сік, а також патоку у великій мисці. Додайте нарізані овочі, волоські горіхи, м'яту та більшу частину петрушки та добре перемішайте. Приправте ¾ чайної ложки солі та трохи перцю.

f) Перекладіть салат на велику неглибоку тарілку і розкладіть його. Прикрасьте петрушкою, що залишилася. Нарешті, збризніть трохи фінікового сиропу та оливкової олії.

41. Табуле

Робить: 4 ЩЕДРО

ІНГРЕДІЄНТИ

- ½ склянки / 30 г тонкої булгурової пшениці
- 2 великих помідори, стиглі, але тверді (10½ унцій / 300 г загалом)
- 1 цибуля-шалот, дрібно нарізана (3 ст.л. / 30 г всього)
- 3 столові ложки свіжовичавленого лимонного соку, а також трохи додаткового доповнення
- 4 великих пучка петрушки з плоским листом (5½ унцій / 160 г загалом)
- 2 пучка м'яти (загалом 30 г)
- 2 ч.л меленого запашного перцю
- 1 чайна ложка суміші спецій бахарат (куплена в магазині абодивіться рецепт)
- ½ склянки / 80 мл високоякісної оливкової олії
- зерна приблизно ½ великого граната (½ склянки / 70 г всього), за бажанням
- сіль і свіжозмелений чорний перець

ІНСТРУКЦІЯ

a) Помістіть булгур у дрібне сито та пропустіть його під холодною водою, доки вода, що витікає, не стане прозорою та не видалить більшу частину крохмалю. Перекладіть у велику миску.

b) Використовуйте невеликий зубчастий ніж, щоб нарізати помідори скибочками ¼ дюйма / 0,5 см завтовшки. Наріжте кожну скибочку на смужки ¼ дюйма / 0,5 см, а потім кубики. Додайте в миску помідори та їхній сік разом із цибулею-шалотом та лимонним соком і добре перемішайте.

c) Візьміть кілька гілочок петрушки і щільно упакуйте їх разом. Використовуйте великий, дуже гострий ніж, щоб обрізати більшість стебел і викинути. Тепер скористайтеся ножем, щоб рухатися вгору по стеблах і листках, поступово «живлячи» ніж, щоб нашаткувати петрушку якомога дрібніше, намагаючись уникати шматочків ширше 1/16 дюйма / 1 мм. Додайте в миску.

d) Зніміть листя м'яти зі стебел, щільно упакуйте кілька листочків і дрібно наріжте їх так само, як петрушку; не подрібнюйте їх занадто сильно, оскільки вони мають тенденцію знебарвлюватися. Додайте в миску.

e) Нарешті додайте духмяний перець, бахарат, оливкову олію, гранат, якщо використовуєте, а також трохи солі та перцю. Спробуйте на смак, додайте більше солі та перцю, якщо хочете, можливо, трохи лимонного соку, і подавайте.

42.   Печена картопля з карамеллю та чорносливом

Робить: 4

ІНГРЕДІЄНТИ

- 2¼ фунта / 1 кг борошнистої картоплі, наприклад, рум'яної
- ½ склянки / 120 мл гусячого жиру
- 5 унцій / 150 г цілого м'якого чорносливу Agen без кісточок
- ½ склянки / 90 г найдрібнішого цукру
- 3½ столової ложки / 50 мл крижаної води
- сіль

ІНСТРУКЦІЯ

a) Розігрійте духовку до 475°F / 240°C.

b) Очистіть картоплю, залиште дрібну картоплю цілою, а велику розділіть навпіл, щоб у вас вийшли шматочки приблизно по 2 унції / 60 г. Промийте під холодною водою, потім помістіть картоплю у велику каструлю з великою кількістю свіжої холодної води. Доведіть до кипіння і кип'ятіть 8-10 хвилин. Добре злийте картоплю, потім струсіть друшляк, щоб її краї стали шорсткими.

c) Помістіть гусячий жир у форму для смаження та розігрійте в духовці до димлення, приблизно 8 хвилин. Обережно вийміть деко з духовки і металевими щипцями додайте відварену картоплю в гарячий жир, обваляючи її в жирі. Обережно поставте деко на найвищу решітку духовки та готуйте від 50 до 65 хвилин або поки картопля не стане золотистою та хрусткою зовні. Час від часу перевертайте їх, поки вони готуються.

d) Коли картопля буде майже готова, вийміть деко з духовки та перекиньте його над жаростійкою мискою, щоб видалити більшу частину жиру. Додайте ½ чайної ложки солі та чорнослив і обережно перемішайте. Повернути в духовку ще на 5 хвилин.

e) За цей час приготуйте карамель. Помістіть цукор у чисту каструлю з товстим дном і поставте на повільний вогонь. Не помішуючи, спостерігайте, як цукор придбає насичений карамельний колір. Постійно стежте за цукром. Як тільки ви досягнете цього кольору, зніміть каструлю з вогню. Тримаючи каструлю на безпечній відстані від обличчя, швидко влийте крижану воду в карамель, щоб вона не зварилася. Поверніться на вогонь і перемішайте, щоб видалити всі шматочки цукру.

f) Перед подачею вмішайте карамель у картоплю та чорнослив. Перекладіть в сервірувальну миску і з'їжте відразу.

43. Мангольд з тахіні, йогуртом і кедровими горіхами

Робить: 4

ІНГРЕДІЄНТИ
- 2¾ фунта / 1,3 кг мангольда
- 2½ ст.л. / 40 г несолоного вершкового масла
- 2 столові ложки оливкової олії плюс додаткова до завершення
- 5 ст / 40 г кедрових горіхів
- 2 невеликих зубчики часнику, дуже дрібно нарізані
- ¼ склянки / 60 мл сухого білого вина
- солодка паприка, для прикраси (за бажанням)
- сіль і свіжозмелений чорний перець

ТАХІНІ ТА ЙОГУРТОВИЙ СОУС
- 3½ столової ложки / 50 г легкої пасти тахіні
- 4½ ст.л./50 г грецького йогурту
- 2 столові ложки свіжовичавленого лимонного соку
- 1 зубчик часнику, подрібнений
- 2 ст.л води

ІНСТРУКЦІЯ

a) Почніть з соусу. Покладіть усі інгредієнти в середню миску, додайте щіпку солі та добре перемішайте маленьким віночком, доки не вийде однорідна напівгуста паста. Відкласти.

b) Гострим ножем відокремте стебла мангольда від зеленого листя та наріжте їх на скибочки ¾ дюйма / 2 см завширшки, тримаючи їх окремо. Доведіть велику каструлю з підсоленою водою до кипіння та додайте стебла мангольда. Тушкуйте 2 хвилини, додайте листя і варіть ще хвилину. Злити і добре промити під холодною водою. Дайте воді стекти, а потім руками відіжміть мангольд, поки він повністю не висохне.

c) Покладіть половину масла і 2 столові ложки оливкової олії у велику сковороду і поставте на середній вогонь. Коли воно нагріється, додайте кедрові горіхи і перемішайте їх на сковороді до золотистого кольору приблизно 2 хвилини. За допомогою шумівки вийміть їх зі сковороди, потім киньте часник. Варіть близько хвилини, поки він не почне ставати золотистим. Обережно (плюнеться!) влийте вино. Залиште на хвилину або менше, поки він не зменшиться приблизно до однієї третини. Додайте мангольд і решту масла і варіть 2-3 хвилини, періодично помішуючи, поки мангольд повністю не нагріється. Приправте ½ чайної ложки солі та трохи чорного перцю.

d) Розподіліть мангольд між окремими мисками для подачі, налийте зверху трохи соусу тахіні та посипте кедровими горішками. Нарешті, збризніть оливковою олією та посипте трохи паприки, якщо хочете.

44. <u>Ханука Сабіх</u>

Робить: 4

ІНГРЕДІЄНТИ

- 2 великих баклажана (загалом приблизно 1⅔ фунта / 750 г)
- приблизно 1¼ склянки / 300 мл соняшникової олії
- 4 скибочки якісного білого хліба, підсмажених або свіжих і вологих піт
- 1 чашка / 240 млСоус тахіні
- 4 великих яйця вільного вигулу, зварених круто, очищених і нарізаних скибочками товщиною ⅜ дюйма / 1 см або четвертинками
- приблизно 4 стЧжоуг
- амба або пікантний маринований огірок з манго (за бажанням)
- сіль і свіжозмелений чорний перець

РІЗАНИЙ САЛАТ

- 2 середніх стиглих помідора, нарізаних кубиками ⅜ дюйма / 1 см (загалом приблизно 1 склянка / 200 г)
- 2 міні-огірки, нарізані кубиками ⅜ дюйма / 1 см (загалом приблизно 1 склянка / 120 г)
- 2 зелені цибулі, тонко нарізані
- 1½ столової ложки подрібненої листової петрушки
- 2 чайні ложки свіжовичавленого лимонного соку
- 1½ столової ложки оливкової олії

ІНСТРУКЦІЯ

а) За допомогою овочечистки зніміть смужки шкірки баклажанів зверху вниз, залишаючи баклажани чергуванням смужок чорної шкірки та білої м'якоті, схожих на зебру. Наріжте обидва баклажани по ширині на скибочки товщиною 1 дюйм / 2,5 см. Посипте їх з обох боків сіллю, потім розкладіть на деко і дайте постояти принаймні 30 хвилин, щоб пішла вода. Для їх витирання використовуйте паперові рушники.

b) У широкій сковороді розігрійте соняшникову олію. Обережно — скибки олії — обсмажуйте скибочки баклажанів порціями до темного кольору, перевертаючи один раз, загалом 6–8 хвилин. За потреби додайте олію під час приготування партій. Після завершення шматочки баклажанів повинні бути повністю ніжними в центрі. Вийміть з каструлі і обсушіть на паперових рушниках.

c) Зробіть нарізаний салат, змішавши всі інгредієнти та приправивши сіллю та перцем за смаком.

d) Безпосередньо перед подачею на кожну тарілку покладіть по 1 скибці хліба або лаваша. Покладіть 1 столову ложку соусу тахіні на кожну скибочку, а потім розкладіть зверху скибочки баклажанів внахлест. Полийте ще трохи тахіні, але не покривайте повністю скибочки баклажанів. Приправте кожен шматочок яйця сіллю та перцем і викладіть поверх баклажанів. Зверху полийте ще трохи тахіні та налийте ложкою стільки чжоу, скільки вам подобається; будьте обережні, жарко! За бажанням також покладіть ложкою маринований огірок. Подавайте овочевий салат збоку, за бажанням покладіть його на кожну порцію.

45. латкес

Робить: 12 ЛАТОКІВ

ІНГРЕДІЄНТИ

- 5½ склянки / 600 г очищеної та тертої досить воскової картоплі, наприклад Yukon Gold
- 2¾ склянки / 300 г очищеного і натертого пастернаку
- ⅔ склянки / 30 г дрібно нарізаної цибулі
- 4 яєчних білка
- 2 столові ложки кукурудзяного крохмалю
- 5 столових ложок / 80 г несоленого вершкового масла
- 6½ ст / 100 мл соняшникової олії
- сіль і свіжозмелений чорний перець
- сметани, для подачі

ІНСТРУКЦІЯ

a) Промийте картоплю у великій мисці з холодною водою. Злийте картоплю на друшляк, вичавіть зайву воду, а потім викладіть картоплю на чистий кухонний рушник, щоб вона повністю висохла.

b) У великій мисці змішайте картоплю, пастернак, шніт-цибулю, яєчні білки, кукурудзяний крохмаль, 1 чайну ложку солі та багато чорного перцю.

c) Розігрійте половину вершкового масла та половину олії у великій сковороді на середньому сильному вогні. Використовуйте свої руки, щоб вибрати приблизно 2 столові ложки суміші латке, міцно стисніть, щоб видалити частину рідини, і сформуйте тонкі котлети приблизно 3/8 дюйма / 1 см завтовшки і 3¼ дюйма / 8 см в діаметрі. Обережно покладіть стільки латкесів, скільки вам зручно поміститися в сковороду, обережно натисніть на них і розрівняйте зворотною стороною ложки. Смажити на середньому вогні по 3 хвилини з кожного боку. Латекс повинен бути повністю коричневим зовні. Вийміть смажені латкеси з олії, викладіть на паперові рушники та тримайте в теплі, поки готуєте решту. За потреби додайте решту масла та олії. Подавайте відразу зі сметаною на гарнір.

46. Фалафель Ханука

ІНГРЕДІЄНТИ

- 1¼ склянки / 250 г сушеного нуту
- ½ середньої цибулини, дрібно нарізаної (½ склянки / 80 г всього)
- 1 зубчик часнику, подрібнений
- 1 столова ложка дрібно нарізаної листової петрушки
- 2 ст.л дрібно нарізаної кінзи
- ¼ чайної ложки кайенского перцю
- ½ чайної ложки меленого кмину
- ½ чайної ложки меленого коріандру
- ¼ чайної ложки меленого кардамону
- ½ чайної ложки розпушувача
- 3 ст.л води
- 1½ столової ложки борошна універсального призначення
- приблизно 3 склянки / 750 мл соняшникової олії, для смаження у фритюрі
- ½ чайної ложки насіння кунжуту, для покриття
- сіль

ІНСТРУКЦІЯ

a) Помістіть нут у велику миску і залийте холодною водою принаймні вдвічі більше, ніж об'єм. Відставте на ніч.

b) Наступного дня добре злийте нут і змішайте його з цибулею, часником, петрушкою та кінзою. Для найкращого результату використовуйте м'ясорубку для наступної частини. Пропустіть нутову суміш один раз через машину, встановіть найкраще налаштування, а потім пропустіть її через машину вдруге. Якщо у вас немає м'ясорубки, скористайтеся кухонним комбайном. Перемішуйте суміш порціями, пульсуючи кожну протягом 30–40 секунд, доки вона не стане дрібно нарізаною, але не кашоподібною чи пастоподібною, і стане міцною. Після обробки додайте спеції, розпушувач, ¾ чайної ложки солі, борошно та воду. Добре перемішайте руками до однорідності. Накрийте суміш і залиште її в холодильнику принаймні на 1 годину або до готовності до використання.

c) Наповніть глибоку каструлю середнього розміру з товстим дном достатньою кількістю олії на 2¾ дюйма / 7 см до стінок сковороди. Розігрійте масло до 350°F / 180°C.

d) Вологими руками натисніть 1 столову ложку суміші на долоні, щоб сформувати котлету або кульку розміром з маленький волоський горіх, приблизно 1 унція / 25 г (ви також можете використовувати для цього вологу ложку для морозива).

e) Рівномірно посипте кульки насінням кунжуту та обсмажуйте їх у фритюрі порціями протягом 4 хвилин, доки добре не підрум'яняться та не будуть готові. Важливо, щоб вони дійсно висохли всередині, тому переконайтеся, що вони залишаються в олії достатньо. Злийте на друшляк, застелене паперовими рушниками, і відразу подавайте.

47. Ягоди пшениці та мангольд з гранатовою патокою

Робить: 4

ІНГРЕДІЄНТИ

- 1⅓ фунта / 600 г мангольда або райдужного мангольда
- 2 столові ложки оливкової олії
- 1 ст ложка несолоного вершкового масла
- 2 великі цибулі-порею, білі та блідо-зелені частини, тонко нарізані (3 чашки / 350 г загалом)
- 2 столові ложки світло-коричневого цукру
- приблизно 3 столові ложки гранатової патоки
- 1¼ склянки 200 г очищених або неочищених ягід пшениці
- 2 склянки / 500 мл курячого бульйону
- сіль і свіжозмелений чорний перець
- Грецький йогурт для подачі

ІНСТРУКЦІЯ

a) Маленьким гострим ножем відокремте білі стебла мангольда від зеленого листя. Наріжте стебла скибочками ⅜ дюйма / 1 см, а листя – скибочками ¾ дюйма / 2 см.

b) Розігрійте олію та масло у великій сковороді з товстим дном. Додайте цибулю-порей і варіть, помішуючи, 3-4 хвилини. Додайте стебла мангольда і варіть 3 хвилини, потім додайте листя і варіть ще 3 хвилини. Додайте цукор, 3 столові ложки гранатової патоки та ягоди пшениці та добре перемішайте. Додайте бульйон, ¾ чайної ложки солі та трохи чорного перцю, доведіть до слабкого кипіння та варіть на повільному вогні під кришкою 60–70 хвилин. На цьому етапі пшениця повинна бути аль денте.

c) Зніміть кришку та, якщо потрібно, збільште вогонь і дайте рідині, що залишилася, випаруватися. Дно сковорідки має бути сухим і на ньому має бути трохи горілої карамелі. Зняти з плити.

d) Перед подачею спробуйте та додайте більше патоки, солі та перцю, якщо потрібно; вам хочеться гострого та солодкого, тож не соромтеся патоки. Подавайте теплим із шматочком грецького йогурту.

48. Ханука Баліла

Робить: 4

ІНГРЕДІЄНТИ

- 1 склянка 200 г сушеного нуту
- 1 чайна ложка харчової соди
- 1 склянка 60 г подрібненої петрушки
- 2 зелені цибулі, тонко нарізані
- 1 великий лимон
- 3 столові ложки оливкової олії
- 2½ чайної ложки меленого кмину
- сіль і свіжозмелений чорний перець

ІНСТРУКЦІЯ

a) Напередодні ввечері покладіть нут у велику миску і залийте холодною водою щонайменше вдвічі більше, ніж об'єм. Додайте харчову соду і залиште при кімнатній температурі на ніч.

b) Злийте нут і помістіть його у велику каструлю. Залийте великою кількістю холодної води і поставте на сильний вогонь. Доведіть до кипіння, зніміть поверхню води, потім зменшіть вогонь і варіть 1–1,5 години, поки нут не стане дуже м'яким, але збереже свою форму.

c) Поки нут готується, покладіть петрушку та зелену цибулю у велику миску. Очистіть лимон від шкірки, покладіть його на дошку та проведіть невеликим гострим ножем уздовж його вигинів, щоб видалити шкірку та білу серцевину. Видаліть шкірку, серцевину та насіння, а м'якоть крупно наріжте. Додайте в миску м'якоть і весь сік.

d) Коли нут буде готовий, злийте воду і додайте його в миску, поки він ще гарячий. Додайте оливкову олію, кмин, ¾ чайної ложки солі та добре мелений перець. Добре перемішати. Дайте охолонути до теплого стану, спробуйте приправи та подавайте.

49. Рис басматі та орзо

Робить: 6

ІНГРЕДІЄНТИ

- 1⅓ склянки / 250 г рису басматі
- 1 столова ложка розтопленого топленого або несолоного вершкового масла
- 1 ст ложка соняшникової олії
- ½ склянки / 85 г орзо
- 2½ склянки / 600 мл курячого бульйону
- 1 чайна ложка солі

ІНСТРУКЦІЯ

a) Добре промийте рис басматі, потім покладіть у велику миску і залийте великою кількістю холодної води. Дайте йому настоятися протягом 30 хвилин, потім злийте.

b) Нагрійте топлене масло та олію на середньому сильному вогні в каструлі середнього розміру з товстим дном, для якої у вас є кришка. Додайте орзо і пасеруйте 3-4 хвилини, поки зерна не стануть темно-золотистими. Додайте бульйон, доведіть до кипіння і варіть 3 хвилини. Додайте зціджений рис і сіль, доведіть до слабкого кипіння, перемішайте один або два рази, накрийте сковороду кришкою і кип'ятіть на дуже повільному вогні 15 хвилин. Не піддавайтеся спокусі відкрити каструлю; вам потрібно дати рису добре пропаритися.

c) Вимкніть вогонь, зніміть кришку і швидко накрийте каструлю чистим рушником. Знову помістіть кришку на рушник і залиште на 10 хвилин. Перед подачею розпушіть рис виделкою.

50. Шафрановий рис з барбарисом, фісташками та сумішшю трав

Робить: 6

ІНГРЕДІЄНТИ

- 2½ ст.л. / 40 г несолоного вершкового масла
- 2 склянки / 360 г рису басматі, промити холодною водою і добре відцідити
- 2⅓ склянки / 560 мл окропу
- 1 чайну ложку шафрану, замочити в 3 столових ложках окропу на 30 хвилин
- ¼ склянки / 40 г сушених ягід барбарису, замочених на кілька хвилин в киплячій воді з дрібкою цукру
- 1 унція / 30 г кропу, крупно нарізаного
- ⅔ унції / 20 г кервеля, крупно нарізаного
- ⅓ унції / 10 г естрагону, крупно нарізаного
- ½ склянки / 60 г подрібнених або подрібнених несолоних фісташок, злегка підсмажених
- сіль і свіжомелений білий перець

ІНСТРУКЦІЯ

a) Розтопіть масло в середній каструлі та додайте рис, переконавшись, що зерна добре покриті маслом. Додайте окріп, 1 чайну ложку солі та трохи білого перцю. Ретельно перемішати, накрити щільно закритою кришкою і залишити варитися на дуже повільному вогні 15 хвилин. Не піддавайтеся спокусі відкрити каструлю; вам потрібно дати рису добре пропаритися.

b) Зніміть каструлю з рисом з вогню — рис вбере всю воду — і налийте шафранову воду на одну сторону рису, покривши приблизно одну чверть поверхні, залишивши більшу частину білою. Відразу накрийте каструлю рушником і знову щільно закрийте кришкою. Відставте на 5-10 хвилин.

c) За допомогою великої ложки вийміть білу частину рису у велику миску для змішування та розпушіть його виделкою. Злийте барбарис і перемішайте його, потім зелень і більшу частину фісташок, залишивши трохи для прикраси. Добре перемішати. Розпушіть виделкою шафрановий рис і обережно змішайте його з білим рисом. Не перемішуйте — ви ж не хочете, щоб білі зерна забарвлювалися жовтими. Спробуйте та відрегулюйте приправи. Перекладіть рис у неглибоку миску для подачі та розсипте зверху решту фісташок. Подавати теплим або кімнатної температури.

51. Басматі та дикий рис з нутом, смородиною та травами

Робить: 6

ІНГРЕДІЄНТИ

- ⅓ склянки / 50 г дикого рису
- 2½ столові ложки оливкової олії
- округлений 1 чашка / 220 г рису басматі
- 1½ склянки / 330 мл окропу
- 2 чайні ложки насіння кмину
- 1½ чайної ложки порошку каррі
- 1½ склянки / 240 г вареного та відцідженого нуту (консервований підійде)
- ¾ склянки / 180 мл соняшникової олії
- 1 середня цибулина, тонко нарізана
- 1½ чайної ложки борошна універсального призначення
- ⅔ склянки / 100 г смородини
- 2 ст.л. подрібненої листової петрушки
- 1 ст.л подрібненої кінзи
- 1 ст.л подрібненого кропу
- сіль і свіжозмелений чорний перець

ІНСТРУКЦІЯ

a) Почніть з того, що покладіть дикий рис у невелику каструлю, залийте великою кількістю води, доведіть до кипіння та залиште варитися приблизно на 40 хвилин, поки рис не звариться, але все ще буде досить твердим. Злийте воду і відкладіть.

b) Щоб приготувати рис басматі, налийте 1 столову ложку оливкової олії в середню каструлю з щільно закритою кришкою і поставте на сильний вогонь. Додайте рис і ¼ чайної ложки солі та помішуйте, поки ви розігрієте рис. Обережно додайте окріп, зменшіть вогонь до самого мінімуму, накрийте каструлю кришкою і дайте варитися 15 хвилин.

c) Зніміть каструлю з вогню, накрийте чистим кухонним рушником, потім кришкою і залиште вогонь на 10 хвилин.

d) Поки вариться рис, підготуйте нут. Нагрійте решту 1½ столової ложки оливкової олії в маленькій каструлі на сильному вогні. Додайте насіння кмину та порошок каррі, зачекайте пару секунд, а потім додайте нут і ¼ чайної ложки солі; переконайтеся, що ви робите це швидко, інакше спеції можуть підгоріти в олії. Помішуйте на вогні одну-дві хвилини, щоб нагріти нут, а потім перекладіть у велику миску.

e) Протріть каструлю, налийте соняшникової олії і поставте на сильний вогонь. Переконайтеся, що масло гаряче, кинувши в нього невеликий шматочок цибулі; він повинен сильно шипіти. Руками перемішайте цибулю з борошном, щоб трохи покрити її. Візьміть трохи цибулі й обережно (вона може плюнути!) помістіть її в олію. Смажте 2-3 хвилини до золотистої скоринки, потім перекладіть на паперові рушники, щоб стекло, і посипте сіллю. Повторюйте порціями, поки не обсмажиться вся цибуля.

f) Нарешті додайте до нуту обидва види рису, а потім додайте смородину, зелень і смажену цибулю. Перемішайте, спробуйте, додайте сіль і перець за бажанням. Подавати теплим або кімнатної температури.

52.   Ячмінне різотто з маринованою фетою

Робить: 4

ІНГРЕДІЄНТИ

- 1 склянка / 200 г перлової крупи
- 2 ст.л. / 30 г несолоного вершкового масла
- 6 столових ложок / 90 мл оливкової олії
- 2 невеликих стебла селери, нарізати кубиками ¼ дюйма / 0,5 см
- 2 невеликих цибулини шалот, нарізаних кубиками ¼ дюйма / 0,5 см
- 4 зубчики часнику, нарізані кубиками розміром 1/16 дюйма / 2 мм
- 4 гілочки чебрецю
- ½ чайної ложки копченої паприки
- 1 лавровий лист
- 4 смужки цедри лимона
- ¼ чайної ложки пластівців чилі
- одна банка нарізаних помідорів вагою 400 г
- 3 склянки / 700 мл овочевого бульйону
- 1¼ склянки / 300 мл пасати (просіяні подрібнені помідори)
- 1 ст.л кмину
- 10½ унції / 300 г сиру фета, розламаного на шматочки приблизно ¾ дюйма / 2 см
- 1 столова ложка свіжого листя орегано
- сіль

ІНСТРУКЦІЯ

a) Перловку добре промийте під холодною водою і дайте стекти.

b) Розтопіть вершкове масло та 2 столові ложки оливкової олії на дуже великій сковороді та обсмажте селеру, цибулю-шалот і часник на слабкому вогні протягом 5 хвилин до м'якості. Додайте ячмінь, чебрець, паприку, лавровий лист, цедру лимона, пластівці чилі, помідори, бульйон, пассату та сіль. Перемішайте, щоб з'єднати. Доведіть суміш до кипіння, потім зменшіть повільний вогонь і варіть 45 хвилин, часто помішуючи, щоб переконатися, що різотто не прилипає до дна каструлі. Після готовності ячмінь повинен бути м'яким і вбрати більшу частину рідини.

c) Тим часом пару хвилин обсмажуємо на сухій сковороді насіння кмину. Потім злегка подрібніть їх, щоб залишилося трохи цілих насіння. Додайте їх до фети з рештою 4 столових ложок / 60 мл оливкової олії та обережно перемішайте, щоб поєднати.

d) Коли різотто буде готове, перевірте приправи, а потім розділіть його на чотири неглибоких миски. Покрийте кожну маринованою фетою, включно з олією, і посипте листям орегано.

53. Конкільї з йогуртом, горохом і чилі

Робить: 6

ІНГРЕДІЄНТИ

- 2½ склянки / 500 г грецького йогурту
- ⅔ склянки / 150 мл оливкової олії
- 4 зубчики часнику, подрібнені
- 1 фунт / 500 г свіжого або розмороженого горошку
- 1 фунт / 500 г макаронів конкільє
- ½ склянки / 60 г кедрових горіхів
- 2 чайні ложки турецьких або сирійських пластівців чилі (або менше, залежно від того, наскільки вони гострі)
- 1⅓ склянки / 40 г листя базиліка, крупно нарваних
- 8 унцій / 240 г сиру фета, поламаного на шматочки
- сіль і свіжомелений білий перець

ІНСТРУКЦІЯ

a) Помістіть йогурт, 6 столових ложок / 90 мл оливкової олії, часник і ⅔ склянки / 100 г горошку в кухонний комбайн. Збийте до однорідного блідо-зеленого соусу та перекладіть у велику миску.

b) Відваріть макарони у великій кількості підсоленої киплячої води до стану аль денте. Коли макарони варяться, розігрійте решту оливкової олії в невеликій сковороді на середньому вогні. Додайте кедрові горіхи та пластівці чилі та смажте 4 хвилини, поки горіхи не стануть золотистими, а олія насичено-червоною. Також нагрійте решту гороху в окропі, потім злийте.

c) Злийте зварену пасту на друшляк, добре струсіть, щоб позбутися води, і поступово додайте пасту в йогуртовий соус; додавання всього відразу може призвести до розщеплення йогурту. Додайте теплий горошок, базилік, фету, 1 чайну ложку солі та ½ чайної ложки білого перцю. Обережно перемішайте, перекладіть в окремі миски та ложкою додайте кедрові горіхи та їхню олію.

54. Мехадра

Робить: 6

ІНГРЕДІЄНТИ

- 1¼ склянки / 250 г зеленої або коричневої сочевиці
- 4 середні цибулини (1½ фунта / 700 г перед очищенням)
- 3 ст.л борошна універсального призначення
- приблизно 1 стакан / 250 мл соняшникової олії
- 2 чайні ложки насіння кмину
- 1½ столової ложки насіння коріандру
- 1 чашка / 200 г рису басматі
- 2 столові ложки оливкової олії
- ½ чайної ложки меленої куркуми
- 1½ чайної ложки меленого запашного перцю
- 1½ чайної ложки меленої кориці
- 1 ч. ложка цукру
- 1½ склянки / 350 мл води
- сіль і свіжозмелений чорний перець

ІНСТРУКЦІЯ

a) Помістіть сочевицю в невелику каструлю, залийте великою кількістю води, доведіть до кипіння та варіть 12-15 хвилин, поки сочевиця не розм'якшиться, але все ще буде трохи розкусана. Злийте воду і відкладіть.

b) Цибулю очистіть і дрібно наріжте. Покладіть на велику плоску тарілку, посипте борошном і 1 чайною ложкою солі та добре перемішайте руками. Розігрійте соняшникову олію в середній каструлі з товстим дном, поставленій на сильний вогонь. Переконайтеся, що масло гаряче, кинувши в нього невеликий шматочок цибулі; він повинен сильно шипіти. Зменшіть вогонь до середнього і обережно (може плюнути!) додайте одну третину нарізаної цибулі. Смажте 5-7 хвилин, періодично помішуючи шумівкою, поки цибуля не набуде приємного золотисто-коричневого кольору і не стане хрусткою (регулюйте температуру, щоб цибуля не смажилася занадто швидко і не підгоріла). Використовуйте ложку, щоб перекласти цибулю на друшляк, вистелений паперовими рушниками, і посипати трохи сіллю. Зробіть те ж саме з двома іншими порціями цибулі; якщо потрібно, додайте трохи олії.

c) Очистіть каструлю, в якій смажили цибулю, і покладіть туди зерна кмину і коріандру. Поставте на середній вогонь і підсмажте насіння хвилину або дві. Додайте рис, оливкову олію, куркуму, запашний перець, корицю, цукор, ½ чайної ложки солі та багато чорного перцю. Перемішайте, щоб рис покрився олією, а потім додайте зварену сочевицю та воду. Довести до кипіння, накрити кришкою і тушкувати на дуже повільному вогні 15 хвилин.

d) Зніміть з вогню, зніміть кришку і швидко накрийте каструлю чистим рушником. Щільно закрийте кришкою і відставте на 10 хвилин.

e) Нарешті додайте до рису та сочевиці половину обсмаженої цибулі та обережно перемішайте виделкою. Викладіть суміш у неглибоку миску та покладіть зверху решту цибулі.

55. Ханука Маклюба

ІНГРЕДІЄНТИ

- 2 середніх баклажани (загалом 1½ фунта / 650 г), нарізані скибочками ¼ дюйма / 0,5 см
- 1⅔ склянки / 320 г рису басматі
- 6-8 курячих стегон без кісток, зі шкірою, приблизно 1¾ фунта / 800 г загалом
- 1 велика цибулина, нарізана уздовж четвертинками
- 10 горошин чорного перцю
- 2 лаврових листки
- 4 склянки / 900 мл води
- соняшникової олії, для смаження
- 1 середня цвітна капуста (1 фунт / 500 г), розділена на великі суцвіття
- розтопленого масла, для змазування сковороди
- 3-4 середньостиглих помідори (загалом 350 г), нарізані кружальцями товщиною ¼ дюйма/0,5 см
- 4 великі зубчики часнику, розрізані навпіл
- 1 чайна ложка меленої куркуми
- 1 ч. ложка меленої кориці
- 1 ч.л меленого запашного перцю
- ¼ чайної ложки свіжомеленого чорного перцю
- 1 чайна ложка суміші спецій бахарат (куплена в магазині абодивіться рецепт)
- 3½ столові ложки / 30 г кедрових горіхів, обсмажені в 1 столовій ложці / 15 г топленого або несолоного масла до золотистого кольору
- Йогурт з огірком, служити
- сіль

ІНСТРУКЦІЯ

a) Викладіть скибочки баклажанів на паперові рушники, посипте з обох сторін сіллю і залиште на 20 хвилин, щоб впала частина води.

b) Промийте рис і замочіть у великій кількості холодної води з 1 чайною ложкою солі принаймні на 30 хвилин.

c) Тим часом розігрійте велику каструлю на середньому сильному вогні та обсмажте курку по 3-4 хвилини з кожного боку до золотисто-коричневого кольору (куряча шкірка має виділити достатньо олії для її приготування; якщо потрібно, додайте трохи соняшникової олії). Додайте цибулю, перець горошком, лавровий лист і воду. Доведіть до кипіння, потім накрийте кришкою і варіть на повільному вогні 20 хвилин. Вийміть курку зі сковороди і відкладіть її. Процідіть бульйон і залиште на потім, знявши жир.

d) Поки курка готується, розігрійте каструлю або голландську духовку, бажано з антипригарним покриттям, діаметром приблизно 9½ дюймів / 24 см і глибиною 5 дюймів / 12 см, на середньому сильному вогні. Додайте стільки соняшникової олії, щоб вона досягла приблизно ¾ дюйма / 2 см до стінок сковороди. Коли ви почнете бачити маленькі бульбашки, обережно (вона може плюнути!) покладіть кілька суцвіть цвітної капусти в олію та обсмажте до золотисто-коричневого кольору, до 3 хвилин. Використовуйте шумівку, щоб перекласти першу порцію на паперові рушники і посипати сіллю. Повторіть з цвітною капустою, що залишилася.

e) Обсушіть скибочки баклажанів паперовими рушниками і обсмажте їх так само порціями.

f) Зніміть олію зі сковороди та протріть сковороду. Якщо це не антипригарне деко, вистеліть дно пергаментним папером, вирізаним за розміром, і змастіть боки розтопленим маслом. Тепер ви готові накладати маклубу.

g) Почніть з того, що розкладіть скибочки помідорів в один шар, внахлест, а потім скибочки баклажанів. Далі викладіть шматочки цвітної капусти та курячі стегна. Добре злийте рис і розподіліть його на останній шар, а зверху розкладіть шматочки часнику. Відміряйте 3 склянки / 700 мл зарезервованого курячого бульйону та змішайте всі спеції та 1 чайну ложку солі. Вилийте це на рис, а потім обережно натисніть на нього руками, переконавшись, що весь рис покритий бульйоном. За потреби додайте трохи бульйону або води.

h) Поставте каструлю на середній вогонь і доведіть до кипіння; бульйон не потрібно сильно варити, але вам потрібно переконатися, що він добре закипить, перш ніж накрити сковороду кришкою, зменшити вогонь до мінімуму та варити на повільному вогні 30 хвилин. Не піддавайтеся спокусі відкрити каструлю; вам потрібно дати рису добре пропаритися. Зніміть каструлю з вогню, зніміть кришку та швидко покладіть на каструлю чистий кухонний рушник, потім знову закрийте кришкою. Залишити відпочити на 10 хвилин.

i) Після готовності зніміть кришку, переверніть велику круглу сервірувальну тарілку або блюдо над відкритою сковородою та обережно, але швидко переверніть сковороду й тарілку разом, міцно тримаючи обидві сторони. Залиште каструлю на плиті на 2-3 хвилини, потім повільно й обережно зніміть її. Прикрасьте кедровими горішками і подавайте з йогуртом з огірком.

56. Кус-кус з помідорами та цибулею

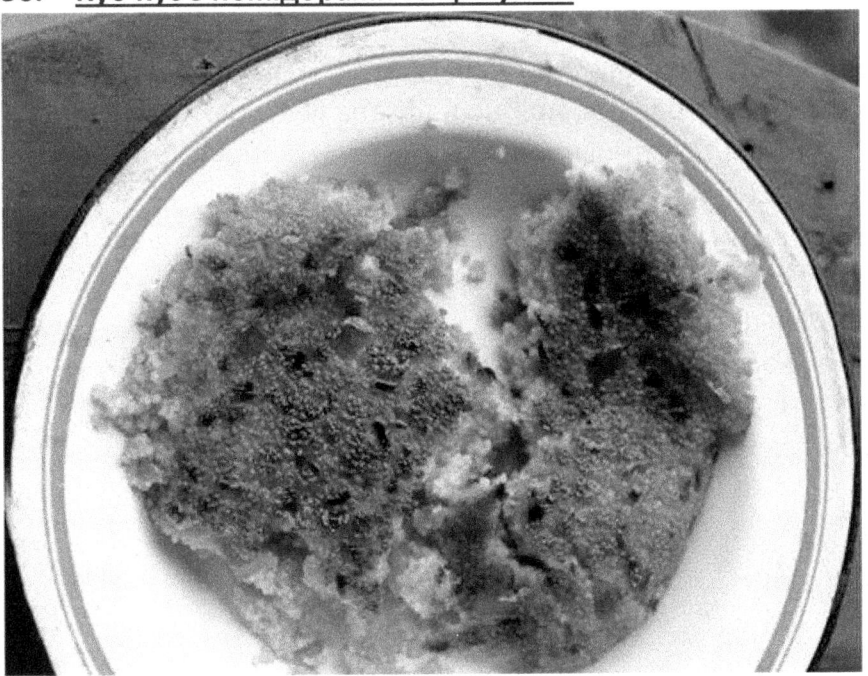

Робить: 4

ІНГРЕДІЄНТИ

- 3 столові ложки оливкової олії
- 1 середня цибулина, дрібно нарізана (1 чашка / 160 г всього)
- 1 ст ложка томатної пасти
- ½ чайної ложки цукру
- 2 дуже стиглих помідора, нарізаних кубиками ¼ дюйма / 0,5 см (загалом 1¾ склянки / 320 г)
- 1 склянка / 150 г кускусу
- 1 чашка / 220 мл киплячого курячого або овочевого бульйону
- 2½ ст.л. / 40 г несолоного вершкового масла
- сіль і свіжозмелений чорний перець

ІНСТРУКЦІЯ

a) Налийте 2 столові ложки оливкової олії в антипригарну сковороду діаметром приблизно 8½ дюймів / 22 см і поставте на середній вогонь. Додайте цибулю і варіть 5 хвилин, часто помішуючи, поки вона не стане м'якою, але не забарвиться. Додайте томатну пасту і цукор і варіть 1 хвилину. Додайте помідори, ½ чайної ложки солі та трохи чорного перцю та варіть 3 хвилини.

b) Тим часом покладіть кус-кус у неглибоку миску, залийте киплячим бульйоном і накрийте поліетиленовою плівкою. Відставте на 10 хвилин, потім зніміть кришку і розпушіть кус-кус виделкою. Додайте томатний соус і добре перемішайте.

c) Протріть сковороду і розігрійте вершкове масло та решту 1 столову ложку оливкової олії на середньому вогні. Коли масло розтане, викладіть кус-кус на сковороду і обережно погладьте його зворотною стороною ложки, щоб він щільно запакувався. Накрийте сковороду кришкою, зменшіть вогонь до найнижчого рівня і дайте кускусу варитися на пару протягом 10-12 хвилин, доки не побачите світло-коричневого кольору по краях. Використовуйте офсетну лопатку або ніж, щоб допомогти вам вдивлятися між краєм кус-кусу та стінкою сковороди: ви хочете, щоб край був справді хрустким по всьому дну та боках.

d) Переверніть велику тарілку поверх сковороди та швидко переверніть сковороду й тарілку разом, випустивши кус-кус на тарілку. Подавати теплим або кімнатної температури.

57. Суп з крес-салату та нуту з рожевою водою

Робить: 4

ІНГРЕДІЄНТИ

- 2 середні моркви (загалом 9 унцій / 250 г), нарізані кубиками ¾ дюйма / 2 см
- 3 столові ложки оливкової олії
- 2½ чайної ложки рас-ель-ханута
- ½ чайної ложки меленої кориці
- 1½ склянки / 240 г вареного нуту, свіжого або консервованого
- 1 середня цибулина, тонко нарізана
- 2½ столові ложки / 15 г очищеного і дрібно нарізаного свіжого імбиру
- 2½ склянки / 600 мл овочевого бульйону
- 7 унцій / 200 г крес-салату
- 3½ унції / 100 г листя шпинату
- 2 чайні ложки найдрібнішого цукру
- 1 чайна ложка рожевої води
- сіль
- Грецький йогурт для подачі (за бажанням)
- Розігрійте духовку до 425°F / 220°C.

ІНСТРУКЦІЯ

a) Змішайте моркву з 1 столовою ложкою оливкової олії, рос-ель-ханутом, корицею та щедрою дрібкою солі та розкладіть у формі для смаження, вистеленій пергаментним папером. Поставте в духовку на 15 хвилин, потім додайте половину нуту, добре перемішайте і готуйте ще 10 хвилин, поки морква не розм'якшиться, але все ще буде кусатися.

b) Тим часом помістіть цибулю та імбир у велику каструлю. Обсмажуйте з оливковою олією, що залишилася, приблизно 10 хвилин на середньому вогні, поки цибуля не стане повністю м'якою і золотистою. Додайте нут, що залишився, бульйон, крес-салат, шпинат, цукор і ¾ чайної ложки солі, добре перемішайте та доведіть до кипіння. Варіть хвилину-дві, поки листя не зів'януть.

c) За допомогою кухонного комбайна або блендера збийте суп до однорідності. Додайте рожеву воду, перемішайте, спробуйте на смак і додайте ще солі або рожевої води, якщо хочете. Відставте до готовності моркви та нуту, потім розігрійте для подачі.

d) Для подачі розділіть суп на чотири миски та покладіть зверху гостру моркву та нут і, якщо хочете, приблизно 2 чайні ложки йогурту на порцію.

58. Гарячий йогурт і ячмінний суп

Робить: 4

ІНГРЕДІЄНТИ

- 6¾ склянки / 1,6 літра води
- 1 склянка / 200 г перлової крупи
- 2 середні цибулини, дрібно нарізані
- 1½ чайної ложки сушеної м'яти
- 4 ст.л. / 60 г несоленого вершкового масла
- 2 великих яйця, збитих
- 2 склянки / 400 г грецького йогурту
- ⅔ унції / 20 г свіжої м'яти, подрібненої
- ⅓ унції / 10 г подрібненої петрушки
- 3 зелені цибулі, тонко нарізані
- сіль і свіжозмелений чорний перець

ІНСТРУКЦІЯ

a) Доведіть воду до кипіння з ячменем у великій каструлі, додавши 1 чайну ложку солі, і кип'ятіть на повільному вогні, поки ячмінь не звариться, але все ще аль денте, 15-20 хвилин. Зняти з плити. Після приготування вам знадобиться 4¾ склянки / 1,1 літра варильної рідини для супу; долийте води, якщо її залишилося менше через випаровування.

b) Поки ячмінь вариться, обсмажте цибулю та сушену м'яту на середньому вогні на вершковому маслі до м'якості приблизно 15 хвилин. Додайте це до вареного ячменю.

c) Збийте яйця та йогурт у великій жаростійкій мисці. Повільно додайте трохи ячменю та води, по черпаку за раз, доки йогурт не нагріється. Це загартує йогурт і яйця та запобіжить їх розщепленню при додаванні в гарячу рідину. Додайте йогурт у каструлю з супом і поставте на середній вогонь, постійно помішуючи, поки суп не закипить. Зніміть з вогню, додайте подрібнену зелень і зелену цибулю та перевірте приправи. Подавати в гарячому вигляді.

59. Суп з квасолі та баранини каннеліні

Робить: 4

ІНГРЕДІЄНТИ

- 1 ст ложка соняшникової олії
- 1 невелика цибулина (загалом 150 г), дрібно нарізана
- ¼ невеликого кореня селери, очищеного та нарізаного кубиками розміром ¼ дюйма / 0,5 см (загалом 6 унцій / 170 г)
- 20 великих зубчиків часнику, очищених, але цілих
- 1 ч.л меленого кмину
- 1 фунт / 500 г тушкованої баранини (або яловичини, якщо хочете), нарізати кубиками ¾ дюйма / 2 см
- 7 склянок / 1,75 літра води
- ½ склянки 100 г сушених бобів каннеліні або пінто, замочених на ніч у великій кількості холодної води, потім злити
- 7 стручків кардамону, злегка подрібнених
- ½ чайної ложки меленої куркуми
- 2 ст ложки томатної пасти
- 1 чайна ложка найдрібнішого цукру
- 9 унцій / 250 г Yukon Gold або іншої картоплі з жовтою м'якоттю, очищеної та нарізаної кубиками ¾ дюйма / 2 см
- сіль і свіжозмелений чорний перець
- хліб, для подачі
- свіжовичавленого лимонного соку для подачі
- подрібненої кінзи абоЧжоуг

ІНСТРУКЦІЯ

a) Розігрійте олію у великій сковороді та обсмажте цибулю та корінь селери на середньому сильному вогні протягом 5 хвилин або поки цибуля не почне підрум'янюватися. Додайте зубчики часнику та кмин і варіть ще 2 хвилини. Зніміть вогонь і відставте.

b) Помістіть м'ясо та воду у велику каструлю або духовку на середньому сильному вогні, доведіть до кипіння, зменшіть вогонь і кип'ятіть 10 хвилин, часто знімаючи поверхню, доки не вийде прозорий бульйон. Додайте суміш цибулі та коренів селери, відціджені боби, кардамон, куркуму, томатну пасту та цукор. Доведіть до кипіння, накрийте кришкою і варіть на повільному вогні 1 годину або поки м'ясо не стане м'яким.

c) Додайте картоплю в суп і приправте 1 чайною ложкою солі та ½ чайної ложки чорного перцю. Знову доведіть до кипіння, зменшіть вогонь і варіть, не накриваючи кришкою, ще 20 хвилин або поки картопля та квасоля не стануть м'якими. Суп повинен бути густим. Залиште його ще трохи кипіти, якщо потрібно, щоб зменшити, або додайте трохи води. Спробуйте на смак і додайте більше приправ на свій смак. Подавайте суп із хлібом, лимонним соком і свіжою нарізаною кінзою або чжоу.

60. Суп з морепродуктів і фенхелю

Робить: 4

ІНГРЕДІЄНТИ

- 2 столові ложки оливкової олії
- 4 зубчики часнику, тонко нарізані
- 2 цибулини фенхелю (загалом 10½ унцій / 300 г), обрізані та нарізані тонкими скибочками
- 1 велика воскова картопля (загалом 7 унцій / 200 г), очищена та нарізана кубиками ⅔ дюйма / 1,5 см
- 3 склянки / 700 мл рибного бульйону (або курячого чи овочевого бульйону, якщо вам подобається)
- ½ середнього консервованого лимона (½ унції / 15 г загалом), купленого в магазині абодивіться рецепт
- 1 червоний чилі, нарізаний (за бажанням)
- 6 помідорів (загалом 400 г), очищених від шкірки та нарізаних четвертинками
- 1 ст ложка солодкої паприки
- хороша щіпка шафрану
- 4 ст.л. дрібно нарізаної листової петрушки
- 4 філе морського окуня (приблизно 10½ унцій / 300 г загалом), очищені від шкіри, розрізані навпіл
- 14 мідій (загалом близько 8 унцій / 220 г)
- 15 молюсків (загалом близько 140 г)
- 10 тигрових креветок (загалом близько 8 унцій / 220 г), у панцирі або очищених від шкірки та без кісточок
- 3 ст.л. араку, узо або перно
- 2 чайні ложки подрібненого естрагону (за бажанням)
- сіль і свіжозмелений чорний перець

ІНСТРУКЦІЯ

a) Помістіть оливкову олію та часник у широку сковороду з низьким бортом і готуйте на середньому вогні 2 хвилини, не підфарбовуючи часник. Додайте фенхель і картоплю і готуйте ще 3-4 хвилини. Додайте бульйон і консервований лимон, приправте ¼ чайної ложки солі та трохи чорного перцю, доведіть до кипіння, потім накрийте кришкою і варіть на повільному вогні 12-14 хвилин, поки картопля не звариться. Додайте чилі (якщо використовуєте), помідори, спеції та половину петрушки та готуйте ще 4-5 хвилин.

b) На цьому етапі додайте ще 1¼ склянки / 300 мл води, рівно стільки, скільки потрібно, щоб покрити рибу для пашування, і знову доведіть до кипіння. Додайте морського окуня та молюсків, накрийте каструлю кришкою та дайте кипіти протягом 3-4 хвилин, поки молюски не розкриються, а креветки не стануть рожевими.

c) За допомогою шумівки вийміть рибу та молюсків із супу. Якщо він все ще трохи водянистий, дайте супу покипіти ще кілька хвилин, щоб він зменшився. Додайте арак і спробуйте приправи.

d) Нарешті поверніть молюсків і рибу в суп, щоб розігріти їх. Подавайте відразу, прикрасивши залишками петрушки та естрагону, якщо використовуєте.

61. Фісташковий суп

Робить: 4

ІНГРЕДІЄНТИ

- 2 ст окропу
- ¼ чайної ложки шафранових ниток
- 1⅓ склянки 200 г очищених несолоних фісташок
- 2 ст.л. / 30 г несолоного вершкового масла
- 4 цибулі-шалот, дрібно нарізані (3½ унції / 100 г загалом)
- 25 г імбиру, очищеного від шкірки та дрібно нарізаного
- 1 цибуля-порей, дрібно нарізана (1¼ склянки / 150 г загалом)
- 2 ч.л мeленого кмину
- 3 склянки / 700 мл курячого бульйону
- ⅓ склянки / 80 мл свіжовичавленого апельсинового соку
- 1 столова ложка свіжовичавленого лимонного соку
- сіль і свіжозмелений чорний перець
- сметани, для подачі

ІНСТРУКЦІЯ

a) Розігрійте духовку до 350°F / 180°C. Шафранові нитки в невеликій чашці залийте окропом і дайте настоятися 30 хвилин.

b) Щоб очистити фісташки від шкірки, бланшуйте горіхи в киплячій воді протягом 1 хвилини, процідіть і ще гарячими видаліть шкірку, притиснувши горіхи між пальцями. Не вся шкірка зніметься, як у випадку з мигдалем — це добре, оскільки це не вплине на суп, — але якщо позбутися частини шкірки, колір покращиться, зробивши суп яскравіше зеленим. Розкладіть фісташки на деко і запікайте в духовці 8 хвилин. Вийняти і залишити остигати.

c) Розігрійте масло у великій каструлі та додайте цибулю-шалот, імбир, цибулю-порей, кмин, ½ чайної ложки солі та трохи чорного перцю. Тушкуйте на середньому вогні 10 хвилин, часто помішуючи, поки цибуля-шалот не стане повністю м'якою. Додайте бульйон і половину шафранової рідини. Накрийте каструлю кришкою, зменшіть вогонь і дайте супу покипіти 20 хвилин.

d) Покладіть усі фісташки, крім 1 столової ложки, у велику миску разом із половиною супу. Використовуйте ручний блендер, щоб збити до однорідності, а потім поверніть це в каструлю. Додайте апельсиновий і лимонний сік, розігрійте та спробуйте, щоб відрегулювати приправи.

e) Для подачі крупно наріжте відкладені фісташки. Гарячий суп перекласти в миски і полити ложкою сметани. Посипте фісташками та полийте шафрановою рідиною, що залишилася.

62. Суп із палених баклажанів і мограбі

Робить: 4

ІНГРЕДІЄНТИ

- 5 маленьких баклажанів (приблизно 2½ фунта / 1,2 кг загалом)
- соняшникової олії, для смаження
- 1 цибулина, нарізана (приблизно 1 чашка / 125 г загалом)
- 1 столова ложка насіння кмину, свіжозмеленого
- 1½ чайної ложки томатної пасти
- 2 великі помідори (загалом 350 г), очищені від шкірки та нарізані кубиками
- 1½ склянки / 350 мл курячого або овочевого бульйону
- 1⅔ склянки / 400 мл води
- 4 зубчики часнику, подрібнені
- 2½ чайної ложки цукру
- 2 столові ложки свіжовичавленого лимонного соку
- ⅓ склянки / 100 г мограбіє, або альтернативи, наприклад мафтул, фрегола або гігантський кус-кус (див.розділ про кус-кус)
- 2 столові ложки подрібненого базиліка або 1 столова ложка подрібненого кропу за бажанням
- сіль і свіжозмелений чорний перець

ІНСТРУКЦІЯ

a) Почніть із спалювання трьох баклажанів. Для цього дотримуйтесь інструкції дляПалені баклажани з часником, лимоном і зернами граната.

b) Решту баклажанів наріжте кубиками ⅔ дюйма / 1,5 см. Нагрійте приблизно ⅔ чашки / 150 мл олії у великій каструлі на середньому сильному вогні. Коли нагріється, додайте кубики баклажанів. Смажте 10-15 хвилин, часто помішуючи, до повного забарвлення; додайте ще трохи олії, якщо потрібно, щоб на сковороді завжди було трохи олії. Вийміть баклажани, покладіть на друшляк, щоб стекла вода, і посипте сіллю.

c) Переконайтеся, що на сковороді залишилася приблизно 1 столова ложка олії, потім додайте цибулю та кмин і пасеруйте приблизно 7 хвилин, часто помішуючи. Додайте томатну пасту і варіть ще хвилину, а потім додайте помідори, бульйон, воду, часник, цукор, лимонний сік, 1½ чайної ложки солі та трохи чорного перцю. Тушкуйте на повільному вогні 15 хвилин.

d) Тим часом доведіть невелику каструлю з підсоленою водою до кипіння та додайте мограбіє або альтернативу. Варити до аль денте; це залежить від марки, але має зайняти від 15 до 18 хвилин (перевірте пакет). Злийте та оновіть під холодною водою.

e) Перекладіть підгорілу м'якоть баклажанів у суп і збийте ручним блендером до стану однорідної рідини. Додайте мограбіє та смажені баклажани, залишивши трохи для гарніру в кінці, і тушкуйте ще 2 хвилини. Спробуйте та відрегулюйте приправи. Подавайте гарячим із зарезервованим мограбіє та смаженими баклажанами зверху та прикрашеним базиліком або кропом, якщо хочете.

63. Суп з помідорів і закваски

Робить: 4

ІНГРЕДІЄНТИ

- 2 столові ложки оливкової олії плюс додаткова до завершення
- 1 велика цибулина, нарізана (1⅓ склянки / 250 г загалом)
- 1 чайна ложка насіння кмину
- 2 зубчики часнику, подрібнені
- 3 склянки / 750 мл овочевого бульйону
- 4 великих стиглих помідора, нарізаних (4 склянки / 650 г всього)
- одна банка 400 г нарізаних італійських помідорів
- 1 ст.л найдрібнішого цукру
- 1 скибочка хліба на заквасці (загалом 1½ унції / 40 г)
- 2 столові ложки нарізаної кінзи, а також додаткове доповнення
- сіль і свіжозмелений чорний перець

ІНСТРУКЦІЯ

a) Розігрійте олію в середній каструлі та додайте цибулю. Тушкуйте приблизно 5 хвилин, часто помішуючи, поки цибуля не стане прозорою. Додати кмин і часник і смажити 2 хвилини. Влийте бульйон, обидва види помідорів, цукор, 1 чайну ложку солі і добре мелений чорний перець.

b) Доведіть суп до слабкого кипіння і варіть 20 хвилин, додавши на половині варіння хліб, нарізаний шматочками. Нарешті додайте кінзу, а потім кілька разів перемішайте блендером, щоб помідори розпалися, але залишалися трохи грубими та пухкими. Суп повинен вийти досить густим; додайте трохи води, якщо на цьому етапі воно занадто густе. Подавайте, окропивши олією і посипавши свіжою кінзою.

64. Прозорий курячий суп з кнайдлахом

Робить: 4

ІНГРЕДІЄНТИ

- 1 курка на вільному вигулі, близько 4½ фунтів / 2 кг, розділена на четвертинки, з усіма кістками, плюс потрошки, якщо ви можете їх дістати, і будь-які додаткові крила або кістки, які ви можете отримати від м'ясника
- 1½ чайної ложки соняшникової олії
- 1 склянка / 250 мл сухого білого вина
- 2 моркви, очищені та нарізані скибочками ¾ дюйма / 2 см (загалом 2 склянки / 250 г)
- 4 стебла селери (приблизно 10½ унцій / 300 г загалом), нарізані сегментами 2½ дюйма / 6 см
- 2 середні цибулини (загалом близько 12 унцій / 350 г), нарізані на 8 часточок
- 1 велика ріпа (7 унцій / 200 г), очищена від шкірки, обрізана та нарізана на 8 частин
- 50 г пучка плосколистої петрушки
- 2 унції / 50 г пучка кінзи
- 5 гілочок чебрецю
- 1 маленька гілочка розмарину
- ¾ унції / 20 г кропу, а також додатково для прикраси
- 3 лаврових листки
- 3½ унції / 100 г свіжого імбиру, тонко нарізаного
- 20 горошин чорного перцю
- 5 ягід запашного перцю
- сіль

KNAIDLACH (Колічество: від 12 до 15)

- 2 дуже великих яйця
- 2½ столові ложки / 40 г маргарину або курячого жиру, розтопити і дати трохи охолонути
- 2 ст.л. дрібно нарізаної листової петрушки
- ⅓ склянки / 75 г маци
- 4 ст ложки содової води
- сіль і свіжозмелений чорний перець

ІНСТРУКЦІЯ

a) Щоб приготувати кнайдлах, збийте яйця у середній мисці до утворення піни. Збийте розтоплений маргарин, потім ½ чайної ложки солі, трохи чорного перцю та петрушку. Поступово додайте мацу, потім газовану воду та перемішайте до однорідної пасти. Накрийте миску та охолодіть тісто, поки воно не охолоне та не затвердіє, принаймні за годину-дві та до 1 дня.

b) Вистеліть деко поліетиленовою плівкою. Вологими руками та ложкою сформуйте з тіста кульки розміром з невеликий волоський горіх і викладіть на деко.

c) Опустіть кульки маци у велику каструлю з повільно киплячою підсоленою водою. Частково накрийте кришкою і зменшіть вогонь до мінімуму. Тушкуйте на повільному вогні до готовності приблизно 30 хвилин.

d) За допомогою шумівки перекладіть кнайдлах на чисте деко, щоб вони могли охолонути, а потім охолоджувати протягом доби. Або вони можуть йти прямо в гарячий суп.

e) Для супу зріжте зайвий жир з курки та викиньте. Налийте олію у дуже велику каструлю або голландську духовку та обсмажте шматочки курки на сильному вогні з усіх боків 3-4 хвилини. Зніміть зі сковороди, видаліть олію та протріть сковороду. Додайте вино і дайте йому закипіти протягом хвилини. Поверніть курку, залийте водою і доведіть до дуже слабкого кипіння. Тушкуйте близько 10 хвилин, знімаючи піну. Додайте моркву, селеру, цибулю та ріпу. Зв'яжіть всі трави в пучок ниткою і додайте в каструлю. Додайте лавровий лист, імбир, горошини перцю, запашний перець і 1½ чайної ложки солі, а потім залийте достатньою кількістю води, щоб все добре покрилося.

f) Знову доведіть суп до дуже слабкого кипіння і варіть 1½ години, час від часу знімаючи шум і за потреби додаючи воду, щоб все було добре покрито. Дістаньте курку з супу і очистіть від кісток м'ясо. Зберігайте м'ясо в мисці з невеликою кількістю бульйону, щоб воно було вологим, і охолоджуйте; резерв для іншого використання. Поверніть кістки в каструлю і тушкуйте ще годину, додавши стільки води, щоб кістки та овочі були покриті. Процідіть гарячий суп і викиньте зелень, овочі та кістки. Зварений кнайдлах розігрійте в супі. Коли вони нагріються, подавайте суп і кнайдлах у неглибоких мисках, посипавши кропом.

65.   Гострий суп фріке з фрикадельками

Робить: 6
ФРИКАДЕЛЬКИ

ІНГРЕДІЄНТИ

- 400 г фаршу з яловичини, баранини або їх комбінації
- 1 маленька цибулина (загалом 150 г), дрібно нарізана
- 2 ст.л. дрібно нарізаної листової петрушки
- ½ чайної ложки меленого запашного перцю
- ¼ чайної ложки меленої кориці
- 3 ст.л борошна універсального призначення
- 2 столові ложки оливкової олії
- сіль і свіжозмелений чорний перець
- СУП
- 2 столові ложки оливкової олії
- 1 велика цибулина (загалом 250 г), подрібнена
- 3 зубчики часнику, подрібнені
- 2 моркви (загалом 9 унцій / 250 г), очищені та нарізані кубиками ⅜ дюйма / 1 см
- 2 стебла селери (загалом 5 унцій / 150 г), нарізані кубиками ⅜ дюйма / 1 см
- 3 великих помідори (загалом 350 г), порізані
- 2½ ст.л./40 г томатної пасти
- 1 столова ложка суміші спецій бахарат (куплена в магазині абодивіться рецепт)
- 1 ст.л меленого коріандру
- 1 паличка кориці
- 1 ст.л найдрібнішого цукру
- 1 склянка / 150 г подрібненого фріке
- 2 склянки / 500 мл яловичого бульйону
- 2 склянки / 500 мл курячого бульйону
- 3¼ склянки / 800 мл гарячої води
- ⅓ унції / 10 г подрібненої кінзи
- 1 лимон, розрізаний на 6 часточок

ІНСТРУКЦІЯ

a) Почніть з фрикадельок. У великій мисці змішайте м'ясо, цибулю, петрушку, запашний перець, корицю, ½ чайної ложки солі та ¼ чайної ложки перцю. Руками добре перемішайте, потім сформуйте з суміші кульки розміром з пінг-понг і обваляйте їх у борошні; ви отримаєте приблизно 15. Розігрійте оливкову олію у великій голландській духовці та обсмажте фрикадельки на середньому вогні кілька хвилин до золотисто-коричневого кольору з усіх боків. Вийміть фрикадельки та відкладіть.

b) Витріть сковорідку паперовими рушниками і додайте оливкову олію для супу. На середньому вогні обсмажте цибулю і часник 5 хвилин. Додайте моркву та селеру та варіть 2 хвилини. Додайте помідори, томатну пасту, спеції, цукор, 2 чайні ложки солі та ½ чайної ложки перцю та варіть ще 1 хвилину. Додайте фріке і варіть 2-3 хвилини. Додайте бульйон, гарячу воду та фрикадельки. Доведіть до кипіння, зменшіть вогонь і варіть на повільному вогні ще 35-45 хвилин, періодично помішуючи, поки фріке не стане пухким і ніжним. Суп повинен вийти досить густим. За потреби зменшіть або додайте трохи води. Нарешті спробуйте та відрегулюйте приправи.

c) Розлийте гарячий суп по порційних мисках і посипте кінзою. Подавайте часточки лимона збоку.

66. Айва, фарширована бараниною, з гранатом і кінзою

Робить: 4

ІНГРЕДІЄНТИ

- 14 унцій / 400 г меленої баранини
- 1 зубчик часнику, подрібнений
- 1 червоний чилі, нарізаний
- ⅔ унції / 20 г кінзи, нарізаної, плюс 2 столові ложки для прикраси
- ½ склянки / 50 г панірувальних сухарів
- 1 ч.л меленого запашного перцю
- 2 столові ложки дрібно натертого свіжого імбиру
- 2 середні цибулини, дрібно нарізані (1⅓ склянки / 220 г загалом)
- 1 велике яйце на вільному вигулі
- 4 айви (загалом 2¾ фунта / 1,3 кг)
- сік ½ лимона плюс 1 ст.л. свіжовичавленого лимонного соку
- 3 столові ложки оливкової олії
- 8 стручків кардамону
- 2 чайні ложки гранатової патоки
- 2 ч.л цукру
- 2 склянки / 500 мл курячого бульйону
- зерен ½ граната
- сіль і свіжозмелений чорний перець

ІНСТРУКЦІЯ

a) Помістіть баранину в миску разом з часником, чилі, кінзою, сухарями, запашним перцем, половиною імбиру, половиною цибулі, яйцем, ¾ чайної ложки солі та трохи перцю. Добре перемішайте руками і відставте.

b) Очистіть айву від шкірки і розріжте уздовж навпіл. Покладіть їх у миску з холодною водою з соком ½ лимона, щоб вони не підрум'янилися. Використовуйте кульку для дині або маленьку ложечку, щоб видалити насіння, а потім видаліть половинки айви так, щоб у вас залишилася шкаралупа ⅔ дюйма / 1,5 см. Зберігайте вичерпану м'якоть. Заповніть поглиблення сумішшю баранини, проштовхнувши її руками.

c) Розігрійте оливкову олію у великій сковороді, для якої у вас є кришка. Помістіть зарезервовану м'якоть айви в кухонний комбайн, добре подрібніть, а потім перемістіть суміш на сковороду разом із рештою цибулі, імбиру та стручків кардамону. Тушкуйте 10-12 хвилин, поки цибуля не розм'якшиться. Додайте патоку, 1 столову ложку лимонного соку, цукор, бульйон, ½ чайної ложки солі та трохи чорного перцю та добре перемішайте. Додайте в соус половинки айви м'ясною начинкою вгору, зменшіть вогонь до слабкого кипіння, накрийте сковороду кришкою і готуйте приблизно 30 хвилин. В кінці айва повинна бути повністю м'якою, м'ясо добре провареним, а соус густим. Підніміть кришку і тушкуйте хвилину або дві, щоб зменшити кількість соусу, якщо потрібно.

d) Подавайте теплим або кімнатної температури, посипавши кінзою та зернами граната.

67. «Торт» з ріпи та телятини

Робить: 4

ІНГРЕДІЄНТИ

- 1⅓ склянки / 300 г рису басматі
- 14 унцій / 400 г фаршу з телятини, баранини або яловичини
- ½ склянки / 30 г подрібненої листової петрушки
- 1½ чайної ложки суміші спецій бахарат (придбаної в магазині абодивіться рецепт)
- ½ чайної ложки меленої кориці
- ½ чайної ложки пластівців чилі
- 2 столові ложки оливкової олії
- 10-15 середніх ріпки (загалом 3¼ фунта / 1,5 кг)
- приблизно 1⅓ склянки / 400 мл соняшникової олії
- 2 склянки / 300 г нарізаних помідорів, добре підходять консервовані
- 1½ столової ложки тамариндової пасти
- ¾ склянки плюс 2 столові ложки / 200 мл гарячого курячого бульйону
- 1 склянка / 250 мл води
- 1½ столової ложки найдрібнішого цукру
- 2 гілочки чебрецю, зірвані листочки
- сіль і свіжозмелений чорний перець

ІНСТРУКЦІЯ

a) Рис промити і добре обсушити. Помістіть у велику миску і додайте м'ясо, петрушку, бахарат, корицю, 2 чайні ложки солі, ½ чайної ложки перцю, чилі та оливкову олію. Добре перемішайте і відставте.

b) Очистіть ріпу від шкірки та наріжте її скибочками товщиною ⅜ дюйма / 1 см. Розігрійте достатню кількість соняшникової олії на середньому сильному вогні, щоб досягти ¾ дюйма / 2 см до стінок великої сковороди. Смажте шматочки ріпи порціями по 3-4 хвилини до золотистого кольору. Перекладіть на тарілку, застелену паперовими рушниками, трохи посоліть і дайте охолонути.

c) Помістіть помідори, тамаринд, бульйон, воду, цукор, 1 чайну ложку солі та ½ чайної ложки перцю у велику миску. Добре збити. Налийте приблизно одну третину цієї рідини в середню каструлю з товстим дном (9½ дюймів / 24 см у діаметрі). Розкладіть всередину третину скибочок ріпи. Додайте половину рисової суміші та розрівняйте. Викладіть ще один шар ріпи, а потім другу половину рису. Закінчіть останньою ріпою, злегка притиснувши руками. Залишкою томатної рідини залийте шари ріпи та рису та посипте чебрецем. Обережно проведіть лопаткою по стінках каструлі, щоб сік стікав на дно.

d) Поставте на середній вогонь і доведіть до кипіння. Зменшіть вогонь до абсолютного мінімуму, накрийте кришкою і тушкуйте 1 годину. Зніміть вогонь, розкрийте кришку та дайте відпочити 10-15 хвилин перед подачею. На жаль, пиріг неможливо перевернути на тарілку, оскільки він не тримає форму, тому його потрібно виймати ложкою.

68. Ханука Фарширована цибуля

Робить: БЛИЗЬКО 16 ФІРШОВАНИХ ЦИБУЛЬ

ІНГРЕДІЄНТИ

- 4 великі цибулини (загалом 2 фунти / 900 г, очищена вага) приблизно 1⅔ склянки / 400 мл овочевого бульйону
- 1½ столової ложки гранатової патоки
- сіль і свіжозмелений чорний перець
- НАЧИНКА
- 1½ столової ложки оливкової олії
- 1 склянка / 150 г дрібно нарізаної цибулі-шалот
- ½ склянки / 100 г короткозернистого рису
- ¼ склянки / 35 г кедрових горіхів, подрібнених
- 2 ст.л. подрібненої свіжої м'яти
- 2 ст.л. подрібненої листової петрушки
- 2 ч. Л. сушеної м'яти
- 1 ч.л меленого кмину
- ⅛ чайної ложки меленої гвоздики
- ¼ чайної ложки меленого запашного перцю
- ¾ чайної ложки солі
- ½ чайної ложки свіжомеленого чорного перцю
- 4 часточки лимона (за бажанням)

ІНСТРУКЦІЯ

a) Очистіть і відріжте приблизно ¼ дюйма / 0,5 см від верхівок і хвостиків цибулі, помістіть нарізану цибулю у велику каструлю з великою кількістю води, доведіть до кипіння і варіть 15 хвилин. Злийте воду та відставте охолонути.

b) Щоб приготувати начинку, розігрійте оливкову олію в середній сковороді на середньому сильному вогні та додайте цибулю-шалот. Тушкуйте протягом 8 хвилин, часто помішуючи, потім додайте всі інгредієнти, що залишилися, крім лимонних дольок. Зменшіть вогонь до мінімуму та продовжуйте варити та помішувати протягом 10 хвилин.

c) Маленьким ножем зробіть довгий надріз від верхівки цибулі до низу, проходячи до центру, щоб кожен шар цибулі мав лише одну щілину. Почніть обережно розділяти шари цибулі один за одним, поки не дійдете до серцевини. Не хвилюйтеся, якщо деякі з шарів трохи порвуться через пілінг; ви все ще можете використовувати їх.

d) Візьміть шар цибулі в одну чашечку і викладіть приблизно 1 столову ложку рисової суміші на половину цибулі, помістивши начинку ближче до одного кінця отвору. Не піддавайтеся спокусі наповнити його більше, оскільки його потрібно загорнути гарно й щільно. Покладіть порожню частину цибулі на сторону з начинкою і щільно згорніть її, щоб рис був покритий кількома шарами цибулі без повітря в середині. Покладіть на середню сковороду, для якої у вас є кришка, швом донизу, і продовжуйте з сумішшю цибулі та рису, що залишилася. Викладіть цибулю в сковороду поруч, щоб не було місця для руху. Заповніть будь-які місця частинами цибулі, які не були фаршировані. Додайте стільки бульйону, щоб цибуля була покрита на три чверті, разом із гранатовою патокою та приправте ¼ чайної ложки солі.

e) Накрийте сковороду кришкою і варіть на мінімальному вогні 1½-2 години, поки рідина не випарується. Подавайте теплим або кімнатної температури, якщо хочете, з дольками лимона.

69. ХанукаВідкрийте Kibbeh

Робить: 6

ІНГРЕДІЄНТИ
- 1 чашка 125 г тонкої булгурової пшениці
- 1 склянка / 200 мл води
- 6 столових ложок / 90 мл оливкової олії
- 2 зубчики часнику, подрібнені
- 2 середні цибулини, дрібно нарізані
- 1 зелений чилі, дрібно нарізаний
- 12 унцій / 350 г меленої баранини
- 1 ч.л меленого запашного перцю
- 1 ч. ложка меленої кориці
- 1 чайна ложка меленого коріандру
- 2 ст.л крупно нарізаної кінзи
- ½ склянки / 60 г кедрових горіхів
- 3 ст.л. крупно нарізаної листової петрушки
- 2 столові ложки борошна, що самостійно піднімається, плюс трохи додатково, якщо потрібно
- 3½ столової ложки / 50 г легкої пасти тахіні
- 2 чайні ложки свіжовичавленого лимонного соку
- 1 ч.л сумаху
- сіль і свіжозмелений чорний перець

ІНСТРУКЦІЯ
a) Розігрійте духовку до 400°F / 200°C. Вистеліть вощеним папером форму діаметром 8 дюймів / 20 см.
b) Помістіть булгур у велику миску і залийте водою. Залиште на 30 хвилин.
c) Тим часом розігрійте 4 столові ложки оливкової олії у великій сковороді на середньому сильному вогні. Обсмажте часник, цибулю та чилі, поки вони не стануть повністю м'якими. Зніміть все зі сковороди, поставте на сильний вогонь і додайте баранину. Варіть 5 хвилин, постійно помішуючи, до коричневого кольору.

d) Поверніть цибульну суміш на сковороду та додайте спеції, кінзу, ½ чайної ложки солі, щедро меленого чорного перцю та більшу частину кедрових горіхів і петрушки, залишивши трохи в стороні. Поваріть пару хвилин, зніміть з вогню, спробуйте та додайте приправи.

e) Перевірте булгур, щоб побачити, чи вся вода ввібралася. Злийте, щоб видалити залишки рідини. Додайте борошно, 1 столову ложку оливкової олії, ¼ чайної ложки солі та щіпку чорного перцю та руками перемішайте все в еластичну суміш, яка просто тримається разом; додайте ще трохи борошна, якщо суміш дуже липка. Щільно натисніть на дно пружинної форми, щоб воно ущільнилося та вирівнялося. Зверху рівномірно розподіліть баранячу суміш і трохи притисніть. Випікайте приблизно 20 хвилин, поки м'ясо не стане темно-коричневим і дуже гарячим.

f) Поки ви чекаєте, змішайте пасту тахіні з лимонним соком, 3½ столової ложки / 50 мл води та дрібкою солі. Ви шукаєте дуже густий, але текучий соус. Якщо потрібно, додайте ще трохи води.

g) Вийміть пиріг кіббе з духовки, рівномірно розподіліть зверху соус тахіні, посипте відкладеними кедровими горіхами та подрібненою петрушкою та негайно поверніть у духовку. Випікайте від 10 до 12 хвилин, поки тахіні не застигне і трохи не забарвиться, а кедрові горіхи не стануть золотистими.

h) Вийміть з духовки та дайте охолонути до теплого або кімнатної температури. Перед подачею посипте зверху сумахом і збризніть залишками олії. Акуратно зніміть стінки сковороди і наріжте кіббе скибочками. Обережно піднімайте їх, щоб вони не зламалися.

70. Куббе хамуста

ІНГРЕДІЄНТИ

НАЧИНКА КУББЕ

- 1½ столової ложки соняшникової олії
- ½ середньої цибулини, дуже дрібно нарізаної (½ чашки / 75 г всього)
- 12 унцій / 350 г яловичого фаршу
- ½ чайної ложки меленого запашного перцю
- 1 великий зубчик часнику, подрібнений
- 2 блідих стебла селери, дуже дрібно нарізаних, або рівна кількість нарізаного листя селери (½ склянки / 60 г всього)
- сіль і свіжозмелений чорний перець
- КЕЙСИ KUBBEH
- 2 склянки / 325 г манної крупи
- 5 столових ложок / 40 г борошна універсального призначення
- 1 склянка / 220 мл гарячої води
- СУП
- 4 зубчики часнику, подрібнені
- 5 стебел селери, зібране листя та стебла, нарізані під кутом на скибочки ⅔ дюйма / 1,5 см (загалом 2 чашки / 230 г)
- 10½ унцій / 300 г листя мангольда, тільки зелена частина, нарізана смужками ⅔ дюйма / 2 см
- 2 ст ложки соняшникової олії
- 1 велика цибулина, крупно нарізана (1¼ склянки / 200 г всього)
- 2 кварти / 2 літри курячого бульйону
- 1 великий цукіні, нарізаний кубиками ⅜ дюйма / 1 см (1⅓ склянки / 200 г загалом)
- 6½ столових ложок / 100 мл свіжовичавленого лимонного соку, плюс додатковий при необхідності
- часточки лимона, для подачі

ІНСТРУКЦІЯ

a) Спочатку приготуйте м'ясну начинку. Розігрійте олію на середній сковороді та додайте цибулю. Варіть на середньому вогні до прозорості приблизно 5 хвилин. Додайте яловичину, запашний перець, ¾ чайної ложки солі та добре мелений чорний перець і помішуйте під час варіння протягом 3 хвилин, щоб підрум'янилися. Зменшіть вогонь до середнього-низького і дайте м'ясу повільно варитися приблизно 20 хвилин до повного висихання, час від часу помішуючи. В кінці додайте часник і селеру, варіть ще 3 хвилини і зніміть з вогню. Спробуйте та відрегулюйте приправи. Дати охолонути.

b) Поки готується яловичина, приготуйте куббе. Змішайте манну крупу, борошно та ¼ чайної ложки солі у великій мисці. Поступово додайте воду, помішуючи дерев'яною ложкою, а потім руками, поки не вийде липке тісто. Накрийте вологою серветкою і відставте на 15 хвилин.

c) Вимішуйте тісто кілька хвилин на робочій поверхні. Він повинен бути еластичним і розтікатися без тріщин. При необхідності додайте трохи води або борошна. Щоб приготувати пельмені, візьміть миску з водою і змочіть руки (переконайтеся, що ваші руки вологі протягом усього процесу, щоб запобігти прилипанню). Візьміть шматок тіста вагою близько 1 унції / 30 г і розплющіть його в долоні; ви прагнете отримати диски діаметром 4 дюйми/10 см. Помістіть приблизно 2 чайні ложки начинки в центр. Загніть краї на начинку, щоб накрити, а потім запечатайте її всередині. Покатайте куббе між руками, щоб сформувати кульку, а потім притисніть її до круглої плоскої форми товщиною приблизно 1¼ дюйма / 3 см. Покладіть пельмені на піддон, накритий поліетиленовою плівкою та збризнутий невеликою кількістю води, і залиште набік.

d) Для супу покладіть часник, половину селери та половину шардену в кухонний комбайн і збийте до стану кашки. Розігрійте олію у великій каструлі на середньому вогні та обсмажте цибулю приблизно 10 хвилин до блідозолотистого кольору. Додайте пасту з селери та мангольда та варіть ще 3 хвилини. Додайте бульйон, цукіні, решту селери та мангольда, лимонний сік, 1 чайну ложку солі та ½ чайної ложки чорного перцю. Доведіть до кипіння та варіть 10 хвилин, потім спробуйте та додайте приправи. Він повинен бути гострим, тому, якщо потрібно, додайте ще одну столову ложку лимонного соку.

e) Нарешті обережно додайте куббе в суп — по кілька штук за раз, щоб вони не прилипли один до одного — і кип'ятіть на повільному вогні 20 хвилин. Залиште на півгодини, щоб вони осіли та розм'якшилися, потім розігрійте та подавайте. Додайте шматочок лимона для додаткового лимонного смаку.

71.   Фарширований перець Романо

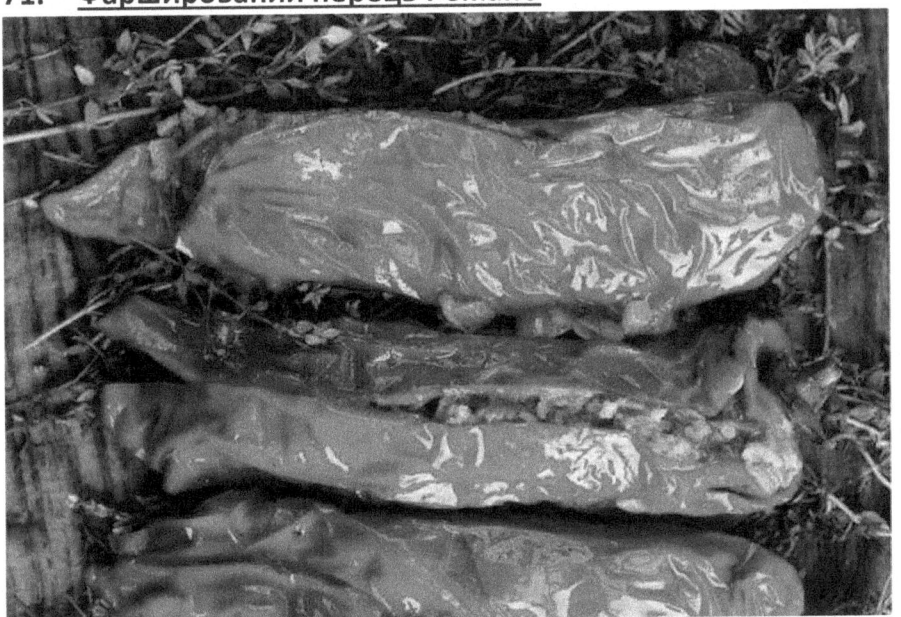

Робить: 4 ЩЕДРО

ІНГРЕДІЄНТИ

- 8 середніх перців Романо або іншого солодкого перцю
- 1 великий помідор, крупно нарізаний (1 чашка / 170 г загалом)
- 2 середні цибулини, крупно нарізані (1⅓ склянки / 250 г всього)
- приблизно 2 склянки / 500 мл овочевого бульйону
- НАЧИНКА
- ¾ склянки / 140 г рису басматі
- 1½ столової ложки суміші спецій бахарат (придбаної в магазині абодивіться рецепт)
- ½ чайної ложки меленого кардамону
- 2 столові ложки оливкової олії
- 1 велика цибулина, дрібно нарізана (1⅓ склянки / 200 г загалом)
- 14 унцій / 400 г меленої баранини
- 2½ столові ложки подрібненої листової петрушки
- 2 ст.л. подрібненого кропу
- 1½ столової ложки сушеної м'яти
- 1½ чайної ложки цукру
- сіль і свіжозмелений чорний перець

ІНСТРУКЦІЯ

a) Почніть з начинки. Помістіть рис у каструлю і залийте злегка підсоленою водою. Доведіть до кипіння, а потім варіть 4 хвилини. Злийте, оновіть під холодною водою та відкладіть.

b) Спеції обсмажити на сковороді. Додайте оливкову олію та цибулю та смажте приблизно 7 хвилин, часто помішуючи, поки цибуля не стане м'якою. Насипте це разом із рисом, м'ясом, зеленню, цукром і 1 чайною ложкою солі у велику миску. Добре все перемішайте руками.

c) Починаючи з кінця плодоніжки, маленьким ножем розріжте вздовж три чверті кожного перцю, не видаляючи плодоніжки, утворюючи довгий отвір. Не сильно відкриваючи перець, видаліть насіння, а потім наповніть кожен перець рівною кількістю суміші.

d) Помістіть нарізані помідори та цибулю у дуже велику сковороду, для якої у вас є кришка, що щільно закривається. Розкладіть перці зверху, щільно один до одного, і налийте стільки бульйону, щоб він був на дюйм / 1 см до боків перців. Приправте ½ чайної ложки солі та трохи чорного перцю. Накриваємо сковороду кришкою і тушкуємо на мінімальному вогні протягом години. Важливо, щоб начинка була просто пропареної, тому кришка повинна щільно прилягати; переконайтеся, що на дні каструлі завжди є трохи рідини. Подавайте перець теплим, не гарячим або кімнатної температури.

72. Фаршировані баклажани з бараниною та кедровими горіхами

Робить: 4 ЩЕДРО

ІНГРЕДІЄНТИ

- 4 середніх баклажана (приблизно 2½ фунта / 1,2 кг), розрізаних уздовж навпіл
- 6 столових ложок / 90 мл оливкової олії
- 1½ чайної ложки меленого кмину
- 1½ столової ложки солодкого перцю
- 1 ст.л меленої кориці
- 2 середні цибулини (загалом 340 г), дрібно нарізані
- 1 фунт / 500 г баранячого фаршу
- 7 ст / 50 г кедрових горіхів
- ⅔ унції / 20 г плоскої петрушки, нарізаної
- 2 ч.л томатної пасти
- 3 чайні ложки найдрібнішого цукру
- ⅔ склянки / 150 мл води
- 1½ столової ложки свіжовичавленого лимонного соку
- 1 чайна ложка тамариндової пасти
- 4 палички кориці
- сіль і свіжозмелений чорний перець

ІНСТРУКЦІЯ

a) Розігрійте духовку до 425°F / 220°C.

b) Покладіть половинки баклажанів шкіркою вниз у форму для смаження, достатню, щоб вони щільно розмістилися. Змастіть м'якоть 4 столовими ложками оливкової олії та приправте 1 чайною ложкою солі та великою кількістю чорного перцю. Обсмажте близько 20 хвилин, до золотистої скоринки. Вийміть з духовки і дайте трохи охолонути.

c) Поки баклажани готуються, ви можете почати готувати начинку, розігрівши решту 2 столових ложок оливкової олії у великій сковороді. Змішайте кмин, паприку та мелену корицю та додайте половину цієї суміші спецій на сковороду разом із цибулею. Варіть на середньому сильному вогні приблизно 8 хвилин, часто помішуючи, а потім додайте баранину, кедрові горіхи, петрушку, томатну пасту, 1 чайну ложку цукру, 1 чайну ложку солі та трохи чорного перцю. Продовжуйте варити і помішувати ще 8 хвилин, поки м'ясо не звариться.

d) Помістіть решту суміші спецій у миску та додайте воду, лимонний сік, тамаринд, 2 чайні ложки цукру, що залишилися, палички кориці та ½ чайної ложки солі; добре перемішати.

e) Зменшіть температуру духовки до 375°F / 195°C. Вилийте суміш спецій на дно форми для запікання баклажанів. Поверх кожного баклажана викладіть суміш з баранини. Щільно накрийте деко алюмінієвою фольгою, поверніть його в духовку і запікайте 1½ години, до цього часу баклажани повинні стати повністю м'якими, а соус густим; двічі під час варіння зніміть фольгу і полийте баклажани соусом, додавши трохи води, якщо соус підсохне. Подавайте теплим, не гарячим або кімнатної температури.

73. Фарширована картопля

Робить: 4 ДО 6

ІНГРЕДІЄНТИ

- 1 фунт / 500 г яловичого фаршу
- приблизно 2 склянки / 200 г білих сухарів
- 1 середня цибулина, дрібно нарізана (¾ склянки / 120 г всього)
- 2 зубчики часнику, подрібнені
- ⅔ унції / 20 г петрушки з плоским листом, дрібно нарізаної
- 2 столові ложки листя чебрецю, подрібнених
- 1½ чайної ложки меленої кориці
- 2 великих яйця на вільному вигулі, збитих
- 3¼ фунта / 1,5 кг середньої картоплі Yukon Gold, приблизно 3¾ на 2¼ дюйма / 9 на 6 см, очищеної та розрізаної навпіл уздовж
- 2 ст.л подрібненої кінзи
- сіль і свіжозмелений чорний перець

ТОМАТНИЙ СОУС

- 2 столові ложки оливкової олії
- 5 зубчиків часнику, подрібнених
- 1 середня цибулина, дрібно нарізана (¾ склянки / 120 г всього)
- 1½ стебла селери, дрібно нарізані (⅔ склянки / 80 г всього)
- 1 маленька морква, очищена і дрібно нарізана (½ склянки / 70 г всього)
- 1 червоний чилі, дрібно нарізаний
- 1½ чайної ложки меленого кмину
- 1 ч.л меленого запашного перцю
- щіпка копченої паприки
- 1½ чайної ложки солодкого перцю
- 1 чайна ложка насіння кмину, подрібнених за допомогою ступки з товкачем або подрібнювача спецій
- одна банка нарізаних помідорів 28 унцій / 800 г
- 1 столова ложка тамариндової пасти
- 1½ чайної ложки найдрібнішого цукру

ІНСТРУКЦІЯ

a) Почніть з томатного соусу. Розігрійте оливкову олію в найширшій сковороді, яка у вас є; для нього також знадобиться кришка. Додайте часник, цибулю, селеру, моркву та чилі та пасеруйте на повільному вогні 10 хвилин, поки овочі не стануть м'якими. Додайте спеції, добре перемішайте і варіть 2-3 хвилини. Всипте нарізані помідори, тамаринд, цукор, ½ чайної ложки солі та трохи чорного перцю та доведіть до кипіння. Зняти з плити.

b) Щоб приготувати фаршировану картоплю, помістіть яловичину, панірувальні сухарі, цибулю, часник, петрушку, чебрець, корицю, 1 чайну ложку солі, трохи чорного перцю та яйця в миску. Використовуйте свої руки, щоб добре поєднати всі інгредієнти.

c) Видовбніть кожну половинку картоплі кулькою для дині або чайною ложкою, утворивши оболонку товщиною ⅔ дюйма / 1,5 см. Наповніть м'ясну суміш кожною порожниною, проштовхнувши її руками вниз, щоб вона повністю заповнила картоплю. Обережно втисніть всю картоплю в томатний соус так, щоб вона сиділа щільно одна до одної, м'ясною начинкою догори. Додайте приблизно 1¼ склянки / 300 мл води або рівно стільки, щоб котлети майже покрили соусом, доведіть до легкого кипіння, накрийте сковороду кришкою та повільно варіть принаймні 1 годину або навіть довше, доки соус не стане готовим. густа, а картопля дуже м'яка. Якщо соус недостатньо загус, зніміть кришку та варіть на 5-10 хвилин. Подавати гарячим або теплим, прикрасивши кінзою.

74. Артишоки фаршировані горохом і кропом

Робить: 4

ІНГРЕДІЄНТИ

- 14 унцій / 400 г цибулі-порею, обрізати та нарізати скибочками ¼ дюйма / 0,5 см
- 9 унцій / 250 г яловичого фаршу
- 1 велике яйце на вільному вигулі
- 1 ч.л меленого запашного перцю
- 1 ч. ложка меленої кориці
- 2 ч. Л. сушеної м'яти
- 12 артишоків середнього розміру або розморожені нижні частини артишоків (див. вступ)
- 6 столових ложок / 90 мл свіжовичавленого лимонного соку плюс сік ½ лимона, якщо використовуєте свіжі артишоки
- ⅓ склянки / 80 мл оливкової олії
- борошно універсального призначення для покриття артишоків
- приблизно 2 склянки / 500 мл курячого або овочевого бульйону
- 1⅓ склянки / 200 г замороженого горошку
- ⅓ унції / 10 г кропу, крупно нарізаного
- сіль і свіжозмелений чорний перець

ІНСТРУКЦІЯ

a) Лук-порей бланшувати в киплячій воді 5 хвилин. Злийте, оновіть і вичавіть воду.

b) Дрібно наріжте цибулю-порей і покладіть у миску разом із м'ясом, яйцем, спеціями, м'ятою, 1 чайною ложкою солі та великою кількістю перцю. Добре розмішати.

c) Якщо ви використовуєте свіжі артишоки, приготуйте миску з водою та соком ½ лимона. Видаліть плодоніжку з артишоку та зніміть жорсткі зовнішні листя. Дійшовши до більш м'якого блідого листя, великим гострим ножем розріжте квітку так, щоб у вас залишилася нижня чверть. Використовуйте невеликий гострий ніж або овочечистку, щоб видалити зовнішні шари артишоку, поки не відкриється основа або дно. Зішкребти волохату «удушку» і помістити основу в підкислену воду. Викиньте решту, потім повторіть з іншими артишоками.

d) Покладіть 2 столові ложки оливкової олії в каструлю достатньої ширини, щоб артишоки лежали рівно, і нагрійте на середньому вогні. Наповніть кожне дно артишоків 1-2 столовими ложками яловичої суміші, втиснувши начинку. Обережно обваляйте дно в борошні, злегка присипте та струсіть надлишки. Смажити в розігрітій олії по 1½ хвилини з кожного боку. Протріть сковороду і поверніть артишоки на сковороду, розташувавши їх рівно і щільно поруч.

e) Змішайте бульйон, лимонний сік і олію, що залишилася, і щедро приправте сіллю та перцем. Ложками поливайте артишоки рідиною, поки вони майже, але не повністю, занурюються в воду; можливо, вам не знадобиться вся рідина. Артишоки застелити пергаментним папером, накрити сковороду кришкою і тушкувати на повільному вогні 1 годину. Коли вони будуть готові, має залишитися лише близько 4 столових ложок рідини. При необхідності зніміть кришку та папір і зменшіть кількість соусу. Відставте каструлю, поки артишоки не стануть теплими або кімнатної температури.

f) Коли будете готові до подачі, бланшуйте горошок протягом 2 хвилин. Злийте воду, додайте їх і кріп у сковороду з артишоками, приправте за смаком і обережно перемішайте.

75. Смажена курка з топінамбуром

Робить: 4

ІНГРЕДІЄНТИ

- 1 фунт / 450 г топінамбуру, очищеного від шкірки та нарізаного вздовж на 6 пластин товщиною ⅔ дюйма / 1,5 см
- 3 столові ложки свіжовичавленого лимонного соку
- 8 курячих стегон без шкіри та кісток або 1 середня ціла курка, нарізана четвертинками
- 12 бананів або інших великих цибулин шалот, розрізаних уздовж навпіл
- 12 великих зубчиків часнику, нарізаних пластинками
- 1 середній лимон, розрізаний уздовж навпіл, а потім дуже тонко нарізаний
- 1 чайна ложка шафранових ниток
- 3½ столові ложки / 50 мл оливкової олії
- ¾ склянки / 150 мл холодної води
- 1¼ столової ложки рожевого перцю, злегка подрібненого
- ¼ склянки / 10 г свіжого листя чебрецю
- 1 склянка / 40 г листя естрагону, подрібнених
- 2 чайні ложки солі
- ½ чайної ложки свіжомеленого чорного перцю

ІНСТРУКЦІЯ

a) Помістіть топінамбур у середню каструлю, залийте великою кількістю води та додайте половину лимонного соку. Доведіть до кипіння, зменшіть вогонь і варіть 10-20 хвилин, поки вона не стане м'якою, але не м'якою. Злити і залишити остигати.

b) Помістіть топінамбур і всі інгредієнти, що залишилися, за винятком лимонного соку, що залишився, і половини естрагону, у велику миску і добре перемішайте руками. Накрийте і залиште маринуватися в холодильнику на ніч або принаймні на 2 години.

c) Розігрійте духовку до 475°F / 240°C. Розкладіть шматочки курки шкірою догори в центрі сковорідки, а решту інгредієнтів розподіліть навколо курки. Обсмажуйте 30 хвилин. Накрийте сковороду алюмінієвою фольгою і готуйте ще 15 хвилин. На цьому етапі курка повинна бути повністю готова. Вийміть з духовки та додайте відкладений естрагон і лимонний сік. Добре перемішайте, спробуйте і додайте ще солі, якщо потрібно. Подавайте одразу.

76. Курка пашот з фріке

Робить: 4 ЩЕДРО

ІНГРЕДІЄНТИ
● 1 маленька курка на вільному вигулі, приблизно 3¼ фунта /
1,5 кг
● 2 довгі палички кориці
● 2 середні моркви, очищені та нарізані скибочками ¾ дюйма /
2 см завтовшки
● 2 лаврових листки
● 2 пучка петрушки з плоским листом (приблизно 2½ унції / 70
г загалом)
● 2 великі цибулини
● 2 столові ложки оливкової олії
● 2 склянки / 300 г подрібненого фріке
● ½ чайної ложки меленого запашного перцю
● ½ чайної ложки меленого коріандру
● 2½ ст.л. / 40 г несолоного вершкового масла
● ⅔ склянки / 60 г нарізаного мигдалю
● сіль і свіжозмелений чорний перець

ІНСТРУКЦІЯ
a) Помістіть курку у велику каструлю разом з корицею,
   морквою, лавровим листом, 1 пучком петрушки та 1 чайною
   ложкою солі. Наріжте 1 цибулину четвертинками і додайте в
   каструлю. Додайте холодної води, щоб вона майже покрила
   курку; доведіть до кипіння і варіть під кришкою 1 годину, час
   від часу знімаючи олію та піну з поверхні.
b) Приблизно в середині часу приготування курки дрібно
   наріжте другу цибулину та покладіть її в середню каструлю з
   оливковою олією. Смажте на середньому вогні від 12 до 15
   хвилин, поки цибуля не стане золотисто-коричневою і
   м'якою. Додайте фріке, запашний перець, коріандр, ½ чайної
   ложки солі та трохи чорного перцю. Добре перемішайте, а
   потім додайте 2½ склянки / 600 мл курячого бульйону.
   Збільште вогонь до середнього. Як тільки бульйон закипить,

накрийте каструлю і зменшіть вогонь. Тушкуйте на повільному вогні 20 хвилин, потім зніміть з вогню і залиште під кришкою ще на 20 хвилин.

c) З пучка петрушки, що залишився, видаліть листя і наріжте їх не дуже дрібно. Додайте більшу частину нарізаної петрушки до готового фріке, перемішавши виделкою.

d) Вийміть курку з бульйону і покладіть на обробну дошку. Акуратно виріжте грудки і тонко наріжте їх під кутом; зняти м'ясо з гомілок і стегон. Тримайте курку та фріке теплими.

e) Коли будете готові до подачі, помістіть вершкове масло, мигдаль і трохи солі в невелику сковороду і обсмажте до золотистого кольору. Розкладіть фріке на окремі тарілки або на одне блюдо. Зверху викладіть м'ясо гомілки та стегна, а потім акуратно розкладіть зверху шматочки грудки. Завершіть мигдалем, вершковим маслом і посипте петрушкою.

77. Курка з цибулею та рисом з кардамоном

Робить: 4

ІНГРЕДІЄНТИ

- 3 ст / 40 г цукру
- 3 ст.л. / 40 мл води
- 2½ столові ложки / 25 г барбарису (або смородини)
- 4 столові ложки оливкової олії
- 2 середні цибулини, тонко нарізані (2 склянки / 250 г загалом)
- 2¼ фунта / 1 кг курячих стегон без кісток або 1 ціла курка, нарізана четвертинками
- 10 стручків кардамону
- округлі ¼ чайної ложки цілих зубчиків
- 2 довгі палички кориці, розламані надвоє
- 1⅔ склянки / 300 г рису басматі
- 2¼ склянки / 550 мл окропу
- 1½ столової ложки / 5 г плоского листя петрушки, подрібненого
- ½ склянки / 5 г листя кропу, подрібнених
- ¼ склянки / 5 г листя кінзи, подрібненого
- ⅓ склянки / 100 г грецького йогурту, змішаного з 2 столовими ложками оливкової олії (за бажанням)
- сіль і свіжозмелений чорний перець

ІНСТРУКЦІЯ

a) Помістіть цукор і воду в невелику каструлю і нагрівайте, поки цукор не розчиниться. Зніміть з вогню, додайте барбарис і відставте просочуватися. Якщо використовуєте смородину, то замочувати її таким способом не потрібно.

b) Тим часом розігрійте половину оливкової олії у великій сковороді з кришкою на середньому вогні, додайте цибулю та смажте 10–15 хвилин, періодично помішуючи, доки цибуля не стане золотисто-коричневою. Перекладіть цибулю в невелику миску і витріть сковороду.

c) Помістіть курку у велику миску і приправте 1½ чайної ложки солі та чорного перцю. Додайте оливкову олію, що залишилася, кардамон, гвоздику та корицю та добре перемішайте все руками. Знову розігрійте сковороду і викладіть туди курку зі спеціями. Обсмажте по 5 хвилин з кожного боку та вийміть зі сковороди (це важливо, оскільки курка частково готується). Спеції можуть залишитися на сковороді, але не переживайте, якщо вони прилипнуть до курки. Також видаліть більшу частину залишків олії, залишивши лише тонку плівку на дні. Додайте рис, карамелізовану цибулю, 1 чайну ложку солі та багато чорного перцю. Злийте барбарис і також додайте його. Добре перемішайте і поверніть обсмажену курку в сковороду, помістивши її в рис.

d) Залийте рис і курку окропом, накрийте каструлю кришкою і варіть на дуже повільному вогні 30 хвилин. Зніміть каструлю з вогню, зніміть кришку, швидко покладіть на каструлю чистий кухонний рушник і знову закрийте кришкою. Залиште блюдо в спокої ще на 10 хвилин. Нарешті додайте зелень і за допомогою виделки перемішайте їх і розпушіть рис. Спробуйте на смак і додайте більше солі та перцю, якщо потрібно. Подавайте гарячим або теплим, якщо хочете, з йогуртом.

78. Подрібнена печінка

Робить: 4 ДО 6

ІНГРЕДІЄНТИ

- 6½ столових ложок / 100 мл розтопленого гусячого або качиного жиру
- 2 великі цибулини, нарізані (приблизно 3 склянки / 400 г загалом)
- 14 унцій / 400 г курячої печінки, очищеної та розбитої на шматки приблизно 1¼ дюйма / 3 см
- 5 дуже великих яєць вільного вигулу, зварених круто
- 4 ст ложки десертного вина
- 1 чайна ложка солі
- ½ чайної ложки свіжомеленого чорного перцю
- 2-3 зелені цибулі, тонко нарізані
- 1 ст.л. подрібненої цибулі

ІНСТРУКЦІЯ

a) Викладіть дві третини гусячого жиру у велику сковороду і обсмажте цибулю на середньому вогні 10-15 хвилин, періодично помішуючи, до темно-коричневого кольору. Вийміть цибулю зі сковороди, злегка придавивши її донизу, щоб на сковороді залишилося трохи жиру. При необхідності додайте трохи жиру. Додайте печінку та готуйте її до 10 хвилин, час від часу помішуючи, доки вони добре не приготуються в середині — на цьому етапі не повинно виходити крові.

b) Змішайте печінку з цибулею, перш ніж подрібнити їх разом. Найкраще це зробити за допомогою м'ясорубки, двічі обробивши суміш для отримання потрібної текстури. Якщо у вас немає м'ясорубки, підійде і кухонний комбайн. Подрібніть цибулю та печінку двома або трьома порціями, щоб чаша машини не була дуже повною. Пульсуйте протягом 20-30 секунд, потім перевірте, чи печінка та цибуля перетворилися на однорідну, але все ще «горбисту» пасту. Перекладіть все у велику миску.

c) Очистіть яйця, два з них крупно, а ще два дрібно натріть і додайте в печінкову суміш. Додайте решту жиру, десертне вино, сіль і перець і обережно все перемішайте. Перекладіть суміш у неметалевий плоский посуд і щільно накрийте поверхню поліетиленовою плівкою. Дайте охолонути, а потім поставте в холодильник мінімум на 2 години, щоб трохи застигло.

d) Для подачі дрібно наріжте яйце, що залишилося. Розкладіть нарізану печінку на окремі тарілки, прикрасьте нарізаним яйцем і посипте зеленою цибулею та цибулею.

79. Салат з шафраном і куркою з травами

Робить: 6

ІНГРЕДІЄНТИ

- 1 апельсин
- 2½ столові ложки / 50 г меду
- ½ чайної ложки шафранових ниток
- 1 столова ложка білого винного оцту
- 1¼ склянки / приблизно 300 мл води
- 2¼ фунта / 1 кг курячої грудки без шкіри та кісток
- 4 столові ложки оливкової олії
- 2 невеликі цибулини фенхелю, тонко нарізані
- 1 склянка 15 г зібраного листя кінзи
- ⅔ склянки / 15 г зірваного листя базиліка, порваного
- 15 зірваних листочків м'яти, нарваних
- 2 столові ложки свіжовичавленого лимонного соку
- 1 червоний чилі, тонко нарізаний
- 1 зубчик часнику, подрібнений
- сіль і свіжозмелений чорний перець

ІНСТРУКЦІЯ

a) Розігрійте духовку до 400°F / 200°C. Обріжте та видаліть ⅜ дюйма / 1 см від верхівки та хвоста апельсина та розріжте його на 12 часточок, зберігаючи шкірку. Видаліть усі насіння.

b) Покладіть часточки в невелику каструлю з медом, шафраном, оцтом і рівно стільки води, щоб покрити апельсинові часточки. Доведіть до кипіння і варіть на повільному вогні близько години. В кінці у вас повинен залишитися ніжний апельсин і близько 3 столових ложок густого сиропу; додайте воду під час варіння, якщо рідини стає дуже мало. Використовуйте кухонний комбайн, щоб збити апельсин і сироп до однорідної рідкої пасти; знову додайте трохи води, якщо потрібно.

c) Змішайте курячу грудку з половиною оливкової олії, великою кількістю солі та перцю та викладіть на дуже розігріту сковороду. Обсмажуйте приблизно по 2 хвилини з кожного боку, щоб скрізь залишилися чіткі сліди обугілля. Перекладіть у форму для запікання та поставте в духовку на 15–20 хвилин до готовності.

d) Коли курка охолоне, але все ще буде теплою, порвіть її руками на грубі досить великі шматки. Помістіть у велику миску, налийте половину апельсинової пасти та добре перемішайте. (Другу половину ви можете зберігати в холодильнику кілька днів. Вона стане гарним доповненням до трав'яної сальси, щоб подавати до жирної риби, наприклад скумбрії чи лосося.) Додайте решту інгредієнтів до салату, включаючи решту оливкової олії та обережно перемішайте. Спробуйте на смак, додайте сіль і перець і, якщо потрібно, ще оливкової олії та лимонного соку.

80. <u>Куряче софріто Ханука</u>

ІНГРЕДІЄНТИ

- 1 ст ложка соняшникової олії
- 1 маленька курка на вільному вигулі, приблизно 3¼ фунта / 1,5 кг, розрізана на четвертинки
- 1 ч.л солодкої паприки
- ¼ чайної ложки меленої куркуми
- ¼ чайної ложки цукру
- 2½ столові ложки свіжовичавленого лимонного соку
- 1 велика цибулина, очищена і нарізана четвертинками
- соняшникової олії, для смаження
- 1⅔ фунта / 750 г картоплі Yukon Gold, очищеної, промитої та нарізаної кубиками ¾ дюйма / 2 см
- 25 неочищених зубчиків часнику
- сіль і свіжозмелений чорний перець

ІНСТРУКЦІЯ

a) Налийте олію у велику неглибоку сковороду або духовку і поставте на середній вогонь. Покладіть курку на сковороду шкірою вниз і обсмажте 4-5 хвилин до золотистої скоринки. Приправте все паприкою, куркумою, цукром, ¼ чайної ложки солі, добре меленим чорним перцем і 1½ столової ложки лимонного соку. Переверніть курку шкіркою вгору, додайте в сковороду цибулю, накрийте кришкою. Зменшіть вогонь до мінімуму і варіть загалом приблизно 1½ години; це включає час, протягом якого курка готується з картоплею. Час від часу піднімайте кришку, щоб перевірити кількість рідини на дні каструлі. Ідея полягає в тому, щоб курка варилася на пару у власному соку, але вам може знадобитися додати трохи окропу, щоб на дні каструлі завжди було ¼ дюйма / 5 мм рідини.

b) Після того, як курка вариться приблизно 30 хвилин, налийте соняшникову олію в середню каструлю на глибину 1¼ дюйма / 3 см і поставте на середньо-сильний вогонь. Смажте картоплю та часник разом кількома порціями приблизно по 6 хвилин, доки вони не набудуть кольору та не стануть хрусткими. Використовуйте шумівку, щоб підняти кожну партію від олії на паперові рушники, а потім посипати сіллю.

c) Після того, як курка вариться протягом 1 години, підніміть її зі сковороди та ложкою додайте смажену картоплю та часник, перемішавши їх із соком, що виділився. Поверніть курку в каструлю, поклавши її поверх картоплі на решту часу приготування, тобто 30 хвилин. Курка повинна відвалитися від кістки, а картопля просочитися рідиною для варіння і повністю розм'якнути. При подачі збризніть лимонним соком, що залишився.

81. ХанукаКофта Б'синія

Робить: 18 KOFTA

ІНГРЕДІЄНТИ
- ⅔ склянки / 150 г легкої пасти тахіні
- 3 столові ложки свіжовичавленого лимонного соку
- ½ склянки / 120 мл води
- 1 середній зубчик часнику, подрібнений
- 2 ст ложки соняшникової олії
- 2 столові ложки / 30 г несоленого масла або топленого масла (за бажанням)
- підсмажених кедрових горіхів, для прикраси
- дрібно нарізаної петрушки, для прикраси
- солодкої паприки, для прикраси
- сіль

КОФТА
- 14 унцій / 400 г меленої баранини
- 14 унцій / 400 г фаршу з телятини або яловичини
- 1 маленька цибулина (приблизно 150 г), дрібно нарізана
- 2 великих зубчики часнику, подрібнити
- 7 столових ложок / 50 г підсмажених кедрових горіхів, крупно подрібнених
- ½ склянки / 30 г дрібно нарізаної листової петрушки
- 1 великий середньо гострий червоний чилі, очищений від насіння і дрібно нарізаний
- 1½ чайної ложки меленої кориці
- 1½ чайної ложки меленого запашного перцю
- ¾ чайної ложки тертого мускатного горіха
- 1½ чайної ложки свіжомеленого чорного перцю
- 1½ чайної ложки солі

ІНСТРУКЦІЯ
a) Помістіть усі інгредієнти для кофти в миску та добре перемішайте руками. Тепер сформуйте довгі пальці, схожі на торпеду, довжиною приблизно 3¼ дюйма / 8 см (приблизно 2 унції / 60 г кожен). Притисніть суміш, щоб стиснути її та

переконатися, що кожна кофта щільна та зберігає свою форму. Розкладіть на тарілці та охолодіть, поки не будете готові їх приготувати, протягом 1 дня.

b) Розігрійте духовку до 425°F / 220°C. У середній мисці змішайте пасту тахіні, лимонний сік, воду, часник і ¼ чайної ложки солі. Соус повинен бути трохи рідкішим, ніж мед; при необхідності додайте 1-2 столові ложки води.

c) Розігрійте соняшникову олію у великій сковороді на сильному вогні та обсмажте кофту. Робіть це партіями, щоб їм не було тісно. Обсмажте їх з усіх боків до золотистої скоринки, приблизно 6 хвилин на партію. На цьому етапі вони повинні бути середньої просмаженості. Вийміть з форми та викладіть на деко. Якщо ви хочете приготувати їх середнього або добре просмаженого, поставте деко в духовку на 2-4 хвилини.

d) Нанесіть соус тахіні на кофту, щоб він покрив дно сковороди. Якщо хочете, також збризніть трохи на кофту, але залиште частину м'яса відкритою. Поставте в духовку на хвилину-дві, щоб соус трохи прогрівся.

e) Тим часом, якщо ви використовуєте вершкове масло, розтопіть його в маленькій каструлі і дайте йому трохи підрум'янитися, стежачи, щоб воно не пригоріло. Нанесіть масло на кофту, щойно вона вийде з духовки. Посипте кедровими горіхами та петрушкою, а потім посипте паприкою. Подавайте одразу.

82. Фрикадельки з яловичини з бобами та лимоном

ІНГРЕДІЄНТИ

- 4½ столові ложки оливкової олії
- 2⅓ склянки 350 г бобів, свіжих або заморожених
- 4 цілі гілочки чебрецю
- 6 зубчиків часнику, нарізаних пластинками
- 8 зелених цибулин, нарізаних під кутом на сегменти ¾ дюйма / 2 см
- 2½ столові ложки свіжовичавленого лимонного соку
- 2 склянки / 500 мл курячого бульйону
- сіль і свіжозмелений чорний перець
- 1½ чайної ложки нарізаної петрушки, м'яти, кропу та кінзи на обробку

ФРИКАДЕЛЬКИ

- 10 унцій / 300 г яловичого фаршу
- 5 унцій / 150 г меленої баранини
- 1 середня цибулина, дрібно нарізана
- 1 склянка / 120 г панірувальних сухарів
- по 2 столові ложки нарізаної петрушки, м'яти, кропу та кінзи
- 2 великих зубчики часнику, подрібнити
- 4 чайні ложки суміші спецій бахарат (куплені в магазині абодивіться рецепт)
- 4 ч. Л. меленого кмину
- 2 чайні ложки каперсів, подрібнених
- 1 яйце, збите

ІНСТРУКЦІЯ

a) Помістіть усі інгредієнти для фрикадельок у велику миску. Додайте ¾ чайної ложки солі та багато чорного перцю та добре перемішайте руками. Сформуйте кульки приблизно такого ж розміру, як кульки для пінг-понгу. Розігрійте 1 столову ложку оливкової олії на середньому вогні у дуже великій сковороді, для якої у вас є кришка. Обсмажте половину фрикадельок, перевертаючи їх, поки вони не підрум'яняться, приблизно 5 хвилин. Вийміть, додайте ще 1½ чайної ложки оливкової олії на сковороду та приготуйте іншу порцію фрикадельок. Вийміть з каструлі та витріть.

b) Поки фрикадельки варяться, скиньте боби фави в каструлю з великою кількістю підсоленої киплячої води і бланшуйте 2 хвилини. Злийте та оновіть під холодною водою. Зніміть шкірку з половини бобів та викиньте шкірку.

c) Розігрійте решту 3 столові ложки оливкової олії на середньому вогні в тій же сковороді, в якій ви смажили фрикадельки. Додайте чебрець, часник і зелену цибулю і пасеруйте 3 хвилини. Додайте неочищені боби, 1½ столової ложки лимонного соку, ⅓ склянки / 80 мл бульйону, ¼ чайної ложки солі та багато чорного перцю. Квасоля повинна бути майже покрита рідиною. Накрийте сковороду кришкою і варіть на повільному вогні 10 хвилин.

d) Поверніть фрикадельки на сковороду, утримуючи боби. Додайте бульйон, що залишився, накрийте сковороду кришкою і повільно тушкуйте 25 хвилин. Спробуйте соус і відрегулюйте приправи. Якщо воно дуже рідке, зніміть кришку і трохи зменшіть. Коли фрикадельки перестануть готуватися, вони вберуть багато соку, тому переконайтеся, що на цьому етапі все ще є багато соусу. Тепер ви можете залишити фрикадельки без вогню до готовності до подачі.

e) Безпосередньо перед подачею розігрійте фрикадельки та, якщо потрібно, додайте трохи води, щоб вийшло достатньо соусу. Додайте трави, що залишилися, 1 столову ложку лимонного соку, що залишилася, і очищені боби та дуже обережно перемішайте. Подавайте негайно.

83.   Тефтелі з ягняти з барбарисом, йогуртом і травами

ІНГРЕДІЄНТИ

- 1⅓ фунта / 750 г меленої баранини
- 2 середні цибулини, дрібно нарізані
- ⅔ унції / 20 г петрушки з плоским листом, дрібно нарізаної
- 3 зубчики часнику, подрібнені
- ¾ чайної ложки меленого запашного перцю
- ¾ чайної ложки меленої кориці
- 6 ст / 60 г ягід барбарису
- 1 велике яйце на вільному вигулі
- 6½ ст / 100 мл соняшникової олії
- 1½ фунта / 700 г банана або іншого великого цибулі шалот, очищеного від шкірки
- ¾ чашки плюс 2 столові ложки / 200 мл білого вина
- 2 склянки / 500 мл курячого бульйону
- 2 лаврових листки
- 2 гілочки чебрецю
- 2 ч.л цукру
- 5 унцій / 150 г сушеного інжиру
- 1 чашка 200 г грецького йогурту
- 3 столові ложки суміші м'яти, кінзи, кропу та естрагону, крупно нарізаних
- сіль і свіжозмелений чорний перець

ІНСТРУКЦІЯ

a) Помістіть баранину, цибулю, петрушку, часник, запашний перець, корицю, барбарис, яйце, 1 чайну ложку солі та ½ чайної ложки чорного перцю у велику миску. Перемішайте руками, а потім скачайте кульки розміром з м'яч для гольфу.

b) Нагрійте одну третину олії на середньому вогні у великій каструлі з товстим дном, для якої у вас є щільна кришка. Покладіть кілька фрикадельок, готуйте та перевертайте їх кілька хвилин, поки вони не забарвляться. Вийміть з каструлі та відкладіть. Таким же чином приготуйте решта фрикадельки.

c) Протріть каструлю і додайте масло, що залишилося. Додайте цибулю-шалот і варіть їх на середньому вогні 10 хвилин, часто помішуючи, до золотистого кольору. Додайте вино, залиште кипіти на хвилину або дві, потім додайте курячий бульйон, лаврове листя, чебрець, цукор, сіль і перець. Розкладіть інжир і фрикадельки серед і поверх цибулі-шалот; фрикадельки повинні бути майже покриті рідиною. Довести до кипіння, накрити кришкою, зменшити вогонь до дуже слабкого і залишити варитися 30 хвилин. Зніміть кришку та тушкуйте ще приблизно годину, поки соус не зменшиться та не посилить смак. Спробуйте на смак і додайте сіль і перець, якщо потрібно.

d) Перекладіть на велике глибоке блюдо. Збийте йогурт, полийте зверху і посипте зеленню.

84. Бургери з індички та цукіні із зеленою цибулею та кмином

Робить: БЛИЗЬКО 18 БУРГЕРІВ

ІНГРЕДІЄНТИ

- 1 фунт / 500 г фаршу з індички
- 1 великий цукіні, крупно натертий (2 склянки / 200 г всього)
- 3 зелені цибулі, тонко нарізані
- 1 велике яйце на вільному вигулі
- 2 ст.л. подрібненої м'яти
- 2 ст.л подрібненої кінзи
- 2 зубчики часнику, подрібнені
- 1 ч.л меленого кмину
- 1 чайна ложка солі
- ½ чайної ложки свіжомеленого чорного перцю
- ½ чайної ложки кайенского перцю
- приблизно 6½ ст.л./100 мл соняшникової олії для обсмажування

СМЕТАНА І СУМХОВИЙ СОУС

- ½ склянки / 100 г сметани
- ⅔ склянки / 150 г грецького йогурту
- 1 чайна ложка тертої цедри лимона
- 1 столова ложка свіжовичавленого лимонного соку
- 1 маленький зубчик часнику, подрібнений
- 1½ столової ложки оливкової олії
- 1 ст.л сумаху
- ½ чайної ложки солі
- ¼ чайної ложки свіжомеленого чорного перцю

ІНСТРУКЦІЯ

a) Спочатку приготуйте сметанний соус, помістивши всі інгредієнти в невелику миску. Добре перемішайте та відставте або охолодіть, поки не знадобиться.

b) Розігрійте духовку до 425°F / 220°C. У великій мисці з'єднайте всі інгредієнти для фрикадельок, крім соняшникової олії. Перемішайте руками, а потім сформуйте приблизно 18 гамбургерів, кожен вагою приблизно 1½ унції / 45 г.

c) Налийте достатньо соняшникової олії у велику сковороду, щоб утворити шар товщиною приблизно 1/16 дюйма / 2 мм на дні сковороди. Нагрійте на середньому вогні до гарячого стану, потім обсмажте фрикадельки порціями з усіх боків. Готуйте кожну партію приблизно 4 хвилини, додаючи олію за потреби, до золотистого кольору.

d) Обережно перемістіть обсмажені фрикадельки на деко, застелене вощеним папером, і поставте в духовку на 5–7 хвилин або до повної готовності. Подавайте теплим або кімнатної температури, полив соусом або збоку.

85. Полпеттон

Робить: 8

ІНГРЕДІЄНТИ
- 3 великих яйця на вільному вигулі
- 1 ст.л. подрібненої листової петрушки
- 2 чайні ложки оливкової олії
- 1 фунт / 500 г яловичого фаршу
- 1 склянка / 100 г сухарів
- ½ склянки / 60 г несолоних фісташок
- ½ склянки / 80 г корнішонів (3 або 4), нарізаних шматочками ⅜ дюйма / 1 см
- 200 г вареного яловичого язика (або шинки), тонко нарізаного
- 1 велика морква, нарізана скибочками
- 2 стебла селери, нарізані шматочками
- 1 гілочка чебрецю
- 2 лаврових листки
- ½ цибулини, нарізаної
- 1 чайна ложка основи з курячого бульйону
- окропу, варити
- сіль і свіжозмелений чорний перець

САЛЬСІНА ВЕРДЕ
- 2 унції / 50 г плоских гілочок петрушки
- 1 зубчик часнику, подрібнений
- 1 ст.л каперсів
- 1 столова ложка свіжовичавленого лимонного соку
- 1 столова ложка білого винного оцту
- 1 велике яйце, зварене круто й очищене від шкірки
- ⅔ склянки / 150 мл оливкової олії
- 3 ст.л панірувальних сухарів, бажано свіжих
- сіль і свіжозмелений чорний перець

ІНСТРУКЦІЯ

a) Почніть з приготування плоского омлету. Збийте разом 2 яйця, подрібнену петрушку та щіпку солі. Розігрійте оливкову олію у великій сковороді (приблизно 11 дюймів / 28 см у діаметрі) на середньому вогні та влийте яйця. Готуйте 2-3 хвилини, не помішуючи, поки яйця не стануть тонким омлетом. Відставити охолонути.

b) У великій мисці змішайте яловичину, панірувальні сухарі, фісташки, корнішони, яйце, що залишилося, 1 чайну ложку солі та ½ чайної ложки перцю. Покладіть на робочу поверхню великий чистий кухонний рушник (можливо, ви захочете використати старий, якого не проти позбутися; чистити його буде невеликою загрозою). Тепер візьміть м'ясну суміш і викладіть її на рушник, сформувавши руками прямокутний диск ⅜ дюйма / 1 см завтовшки і приблизно 12 на 10 дюймів / 30 на 25 см. Тримайте краї тканини чистими.

c) Накрийте м'ясо скибочками язика, залишивши ¾ дюйма / 2 см навколо краю. Розріжте омлет на 4 широкі смужки і рівномірно розподіліть їх по язику.

d) Підніміть тканину, щоб почати згортати м'ясо всередину з однієї з його широких сторін. Продовжуйте згортати м'ясо у велику форму ковбаски, використовуючи для цього рушник. Зрештою, вам потрібен щільний, схожий на желе буханку з яловичим фаршем зовні та омлетом у центрі. Накрийте батон рушником, добре загорніть його, щоб він був герметичним зсередини. Зв'яжіть кінці мотузкою та заправте зайву тканину під колоду, щоб отримати щільно зв'язаний пучок.

e) Помістіть пучок у велику сковороду або в духовку. Покладіть моркву, селеру, чебрець, лавр, цибулю та бульйонну основу навколо хліба та залийте окропом, щоб він майже покрив. Накрити каструлю кришкою і залишити нудитися на 2 години.

f) Вийміть буханець з каструлі та відкладіть його, щоб частина рідини витекла (бульйон для пашотування стане чудовою основою для супу). Приблизно через 30 хвилин покладіть зверху щось важке, щоб видалити більше соку. Коли він досягне кімнатної температури, поставте м'ясний хліб у холодильник, все ще накритий тканиною, щоб він добре охолонув, на 3-4 години.

g) Для соусу помістіть усі інгредієнти в кухонний комбайн і збийте до крупної консистенції (або, щоб отримати сільський вигляд, наріжте вручну петрушку, каперси та яйце та перемішайте разом з рештою інгредієнтів). Спробуйте та відрегулюйте приправи.

h) Щоб подавати, зніміть буханку з рушника, наріжте скибочками товщиною ⅜ дюйма / 1 см і викладіть шарами на сервірувальну тарілку. Подайте соус на гарнір.

86. Тушковані яйця з бараниною, тахіні та сумахом

Робить: 4

ІНГРЕДІЄНТИ

- 1 столова ложка оливкової олії
- 1 велика цибулина, дрібно нарізана (1¼ склянки / 200 г всього)
- 6 зубчиків часнику, тонко нарізаних
- 10 унцій / 300 г меленої баранини
- 2 чайні ложки сумаху, плюс додаткове для завершення
- 1 ч.л меленого кмину
- ½ склянки / 50 г підсмажених несолоних фісташок, подрібнених
- 7 ст / 50 г підсмажених кедрових горіхів
- 2 чайні ложки пасти з хариси (купленої в магазині абодивіться рецепт)
- 1 столова ложка дрібно нарізаної консервованої лимонної цедри (купленої в магазині абодивіться рецепт)
- 1⅓ склянки / 200 г помідорів черрі
- ½ склянки / 120 мл курячого бульйону
- 4 великих яйця на вільному вигулі
- ¼ склянки / 5 г зібраного листя кінзи або 1 стЧжоуг
- сіль і свіжозмелений чорний перець

ЙОГУРТОВИЙ СОУС

- ½ склянки / 100 г грецького йогурту
- 1½ столової ложки / 25 г пасти тахіні
- 2 столові ложки свіжовичавленого лимонного соку
- 1 ст.л води

ІНСТРУКЦІЯ

a) Розігрійте оливкову олію на середньому сильному вогні в середній сковороді з товстим дном, для якої у вас є щільна кришка. Додайте цибулю і часник і пасеруйте протягом 6 хвилин, щоб вони трохи розм'якшилися і пофарбувалися. Підніміть вогонь до високого, додайте баранину і добре обсмажте 5-6 хвилин. Приправте сумахом, кмином, ¾ чайної ложки солі та трохи чорного перцю та варіть ще хвилину. Вимкніть вогонь, додайте горіхи, хариссу та консервований лимон і відставте.

b) Поки цибуля готується, розігрійте окрему маленьку чавунну або іншу важку сковороду на сильному вогні. Коли воно стане гарячим, додайте помідори черрі та обсмажте протягом 4-6 хвилин, час від часу підкидаючи їх на сковороду, поки вони злегка не почорніють зовні. Відкласти.

c) Приготуйте йогуртовий соус, змішавши всі інгредієнти з дрібкою солі. Воно повинно бути густим і насиченим, але вам може знадобитися додати трохи води, якщо воно жорстке.

d) На цьому етапі можна залишити м'ясо, помідори і соус до години. Коли будете готові до подачі, розігрійте м'ясо, додайте курячий бульйон і доведіть до кипіння. Зробіть 4 маленькі лунки в суміші і розбийте в кожну ямку. Накрийте сковороду кришкою і варіть яйця на повільному вогні 3 хвилини. Покладіть зверху помідори, уникаючи жовтків, знову накрийте кришкою і готуйте 5 хвилин, поки яєчні білки не зваряться, але жовтки все ще будуть рідкими.

e) Зніміть з вогню і посипте шматочками йогуртового соусу, посипте сумахом і закінчіть кінзою. Подавайте одразу.

87. Повільно приготована телятина з чорносливом і цибулею-пореєм

Робить: 4 ЩЕДРО

ІНГРЕДІЄНТИ
- ½ склянки / 110 мл соняшникової олії
- 4 великих стейка оссо-буко на кістці (загалом приблизно 2¼ фунта / 1 кг)
- 2 великі цибулини, дрібно нарізані (приблизно 3 склянки / 500 г загалом)
- 3 зубчики часнику, подрібнені
- 6½ ст.л. / 100 мл сухого білого вина
- 1 чашка / 250 мл курячого або яловичого бульйону
- одна банка нарізаних помідорів вагою 400 г
- 5 гілочок чебрецю, листя дрібно нарізати
- 2 лаврових листки
- цедра ½ апельсина, смужками
- 2 невеликі палички кориці
- ½ чайної ложки меленого запашного перцю
- 2 бадьяна
- 6 великих цибулі-порею, лише біла частина (загалом 1¾ фунта / 800 г), нарізати скибочками ⅔ дюйма / 1,5 см
- 200 г м'якого чорносливу без кісточок
- сіль і свіжозмелений чорний перець
- СЛУЖИТИ
- ½ склянки / 120 г грецького йогурту
- 2 ст.л. дрібно нарізаної листової петрушки
- 2 ст ложки тертої цедри лимона
- 2 зубчики часнику, подрібнені

ІНСТРУКЦІЯ
a) Розігрійте духовку до 350°F / 180°C.
b) Розігрійте 2 столові ложки олії у великій сковороді з товстим дном на сильному вогні. Обсмажте шматочки телятини по 2 хвилини з кожного боку, добре підрум'янивши м'ясо. Перекладіть на друшляк, щоб стекла вода, поки ви готуєте томатний соус.

c) Зніміть більшу частину жиру зі сковороди, додайте ще 2 столові ложки олії та додайте цибулю та часник. Поверніться на середньо-сильний вогонь і пасеруйте, час від часу помішуючи та очищаючи дно сковороди дерев'яною ложкою, приблизно 10 хвилин, поки цибуля не стане м'якою та золотистою. Додайте вино, доведіть до кипіння та кип'ятіть на повільному вогні 3 хвилини, поки більша частина не випарується. Додайте половину бульйону, помідори, чебрець, лавр, апельсинову цедру, корицю, духмяний перець, бадьян, 1 чайну ложку солі та трохи чорного перцю. Добре перемішайте і доведіть до кипіння. Додайте шматочки телятини в соус і перемішайте, щоб вони покрилися.

d) Перекладіть телятину з соусом у глибоке деко розміром приблизно 13 на 9½ дюймів / 33 на 24 см і рівномірно розподіліть. Накрийте алюмінієвою фольгою та поставте в духовку на 2½ години. Перевірте кілька разів під час приготування, щоб переконатися, що соус не стає занадто густим і не підгорає з боків; Вам, ймовірно, доведеться додати трохи води, щоб запобігти цьому. М'ясо готове, коли воно легко відходить від кістки. Вийміть телятину з соусу та помістіть її у велику миску. Коли воно достатньо охолоне, зніміть усе м'ясо з кісток і за допомогою маленького ножа вискребіть увесь кістковий мозок. Викиньте кістки.

e) На окремій сковороді розігрійте олію, що залишилася, і добре обсмажте цибулю-порей на сильному вогні приблизно 3 хвилини, періодично помішуючи. Покладіть їх на томатний соус. Далі в сковороді, в якій ви готували томатний соус, змішайте разом чорнослив, бульйон, що залишився, витягнуте м'ясо та кістковий мозок і викладіть це на цибулю-порей. Знову накрийте фольгою і продовжуйте готувати ще годину. Витягнувши з духовки, спробуйте та приправте сіллю та чорним перцем, якщо потрібно.

f) Подавайте гарячим, поклавши зверху холодний йогурт і посипавши сумішшю петрушки, лимонної цедри та часнику.

88. Шаурма Ханука Баранина

Робить: 8

ІНГРЕДІЄНТИ

- 2 ч. Л. горошин чорного перцю
- 5 цілих зубчиків
- ½ чайної ложки стручка кардамону
- ¼ чайної ложки насіння пажитника
- 1 ч. Л. насіння кропу
- 1 ст ложка насіння кмину
- 1 бадьян
- ½ палички кориці
- ½ цілого мускатного горіха, тертого
- ¼ чайної ложки меленого імбиру
- 1 ст ложка солодкої паприки
- 1 ст.л сумаху
- 2½ чайної ложки морської солі Maldon
- 25 г свіжого імбиру, тертого
- 3 зубчики часнику, подрібнені
- ⅔ склянки / 40 г подрібненої кінзи, стебел і листя
- ¼ склянки / 60 мл свіжовичавленого лимонного соку
- ½ склянки / 120 мл арахісової олії
- 1 бараняча нога з кісткою, приблизно від 5½ до 6½ фунтів / 2,5-3 кг
- 1 склянка / 240 мл окропу

ІНСТРУКЦІЯ

a) Помістіть перші 8 інгредієнтів у чавунну сковороду та обсмажте на середньому сильному вогні протягом хвилини-двох, доки спеції не почнуть лускати та не випустять свій аромат. Стежте, щоб вони не підгоріли. Додайте мускатний горіх, імбир і паприку, помішуйте ще кілька секунд, щоб нагріти їх, а потім перемістіть у м'ясорубку для спецій. Перетерти спеції до однорідного порошку. Перекладіть у середню миску та перемішайте всі інгредієнти, крім баранини.

b) Маленьким гострим ножем надріжте баранячу ногу в кількох місцях, зробивши прорізи ⅔ дюйма / 1,5 см у жирі та м'ясі, щоб маринад міг просочитися. Покладіть у велику форму для смаження й натріть маринадом усе. ягня; добре помасажуйте м'ясо руками. Накрийте деко алюмінієвою фольгою і залиште принаймні на пару годин або, краще, охолодіть на ніч.

c) Розігрійте духовку до 325°F / 170°C.

d) Поставте баранину в духовку жирною стороною догори та запікайте приблизно 4 з половиною години, доки м'ясо не стане м'яким. Після 30 хвилин смаження додайте в каструлю окріп і поливайте цією рідиною м'ясо приблизно кожну годину. За потреби додайте більше води, стежачи за тим, щоб на дні каструлі завжди залишалося приблизно ¼ дюйма / 0,5 см. Останні 3 години накрийте баранину фольгою, щоб спеції не пригоріли. Після завершення вийміть баранину з духовки та дайте відпочити 10 хвилин перед тим, як нарізати та подавати.

e) Найкращий спосіб подати це, на наш погляд, натхненний найвідомішою ізраїльською закусочною шакшука (ДИВІТЬСЯ РЕЦЕПТ), Dr Shakshuka, в Яффо, що належить Біно Габсо. Візьміть шість окремих кишеньок з лаваша і рясно змастіть їх зсередини намазкою, приготованою шляхом змішування ⅔ склянки / 120 г подрібнених консервованих помідорів, 2 чайних ложок / 20 г пасти харіса, 4 чайних ложки / 20 г томатної пасти, 1 столової ложки оливкової олії та трохи солі. і перець. Коли баранина буде готова, розігрійте лаваш на гарячій сковороді з ребрами, доки на ньому не з'являться гарні сліди з обох боків. Наріжте теплу баранину та наріжте її смужками ⅔ дюйма/1,5 см. Викладіть їх високо на кожну теплу лаваш, налийте ложкою трохи рідини для смаження зі сковороди, зменшеної кількості, і закінчіть подрібненою цибулею, подрібненою петрушкою та посипанням сумаху. І не забудьте про свіжий огірок і помідор. Це райська страва.

89. Смажений морський окунь з харисою та трояндою

Робить: 2 ДО 4

ІНГРЕДІЄНТИ

- 3 столові ложки пасти з хариси (купленої абодивіться рецепт)
- 1 ч.л меленого кмину
- 4 філе морського окуня, загалом приблизно 1 фунт / 450 г, очищені від шкіри та видалені кістки
- борошно універсальне, для присипки
- 2 столові ложки оливкової олії
- 2 середні цибулини, дрібно нарізані
- 6½ столових ложок / 100 мл червоного винного оцту
- 1 ч. ложка меленої кориці
- 1 склянка / 200 мл води
- 1½ столової ложки меду
- 1 столова ложка рожевої води
- ½ склянки / 60 г смородини (за бажанням)
- 2 столові ложки крупно нарізаної кінзи (за бажанням)
- 2 чайні ложки сушених їстівних пелюсток троянд
- сіль і свіжозмелений чорний перець

ІНСТРУКЦІЯ

a) Спочатку замаринуйте рибу. Змішайте половину пасти хариси, мелений кмин і ½ чайної ложки солі в маленькій мисці. Натріть пастою філе риби і залиште його маринуватися на 2 години в холодильнику.

b) Присипте філе невеликою кількістю борошна і струсіть надлишки. Розігрійте оливкову олію в широкій сковороді на середньому сильному вогні і обсмажте філе по 2 хвилини з кожного боку. Можливо, вам доведеться зробити це двома партіями. Відставте рибу, залиште на сковороді масло і додайте цибулю. Помішуйте під час приготування приблизно 8 хвилин, поки цибуля не стане золотистою.

c) Додайте харісу, що залишилася, оцет, корицю, ½ чайної ложки солі та багато чорного перцю. Влийте воду, зменшіть вогонь і дайте соусу повільно кипіти протягом 10-15 хвилин, поки він стане досить густим.

d) Додайте мед і рожеву воду в каструлю разом зі смородиною, якщо вона використовується, і повільно кип'ятіть ще пару хвилин. Спробуйте та відрегулюйте приправи, а потім поверніть філе риби на сковороду; ви можете трохи накласти їх внахлест, якщо вони не зовсім підходять. Ложкою полити рибу соусом і залишити її прогріватися в киплячому соусі на 3 хвилини; вам може знадобитися додати кілька столових ложок води, якщо соус дуже густий. Подавайте теплим або кімнатної температури, посипавши кінзою, якщо використовуєте, і пелюстками троянд.

90. Шашлики з риби та каперсів з паленими баклажанами та лимонним огірком

Робить: 12 ШЕШЛИКІВ

ІНГРЕДІЄНТИ

- 2 середніх баклажана (загалом приблизно 1⅔ фунта / 750 г)
- 2 столові ложки грецького йогурту
- 1 зубчик часнику, подрібнений
- 2 ст.л. подрібненої листової петрушки
- приблизно 2 ст.л соняшникової олії, для смаження
- 2 ч.лШвидкі мариновані лимони
- сіль і свіжозмелений чорний перець
- ШЕШЛИКИ РИБНІ
- 14 унцій / 400 г філе пікші або будь-якої іншої білої риби без шкіри та видалених кісток
- ½ склянки / 30 г свіжих сухарів
- ½ великого яйця вільного вигулу, збитого
- 2½ столової ложки / 20 г каперсів, нарізаних
- ⅔ унції / 20 г кропу, подрібненого
- 2 зелені цибулини, дрібно нарізані
- тертої цедри 1 лимона
- 1 столова ложка свіжовичавленого лимонного соку
- ¾ чайної ложки меленого кмину
- ½ чайної ложки меленої куркуми
- ½ чайної ложки солі
- ¼ чайної ложки меленого білого перцю

ІНСТРУКЦІЯ

a) Почніть з баклажанів. М'якоть баклажана обпалити, очистити від шкірки та злити, дотримуючись інструкційПалені баклажани з часником, лимоном і зернами гранатарецепт. Після того, як добре відцідить воду, крупно наріжте м'якоть і помістіть її в миску. Додайте йогурт, часник, петрушку, 1 чайну ложку солі та багато чорного перцю. Відкласти.

b) Наріжте рибу дуже тонкими скибочками товщиною приблизно ⅙ дюйма / 2 мм. Наріжте скибочки дрібними кубиками і покладіть у середню миску. Додайте решту інгредієнтів і добре перемішайте. Змочіть руки та сформуйте з суміші 12 котлет або пальців, приблизно 1½ унції / 45 г кожна. Розкладіть на блюді, накрийте поліетиленовою плівкою та залиште в холодильнику принаймні на 30 хвилин.

c) У сковороду налийте стільки олії, щоб на дні утворилася тонка плівка, і поставте на середньо-сильний вогонь. Готуйте шашлик порціями від 4 до 6 хвилин для кожної партії, перевертаючи, поки вони не забарвляться з усіх боків і не приготуються.

d) Подавайте шашлики, поки вони ще гарячі, по 3 шт. на порцію разом із паленими баклажанами та невеликою кількістю маринованого лимона (обережно, лимони, як правило, переважають).

91. Скумбрія, смажена на сковороді, із золотистою буряково-апельсиновою сальсою

Робить: 4 НА ПОЧАТКУ

ІНГРЕДІЄНТИ

- 1 столова ложка пасти з хариси (купленої в магазині абодивіться рецепт)
- 1 ч.л меленого кмину
- 4 філе скумбрії (загалом близько 260 г) зі шкірою
- 1 середній золотистий буряк (3½ унції / 100 г загалом)
- 1 середній апельсин
- 1 невеликий лимон, розрізаний навпіл по ширині
- ¼ склянки 30 г оливок Каламата без кісточок, розрізаних уздовж на четвертинки
- ½ маленької червоної цибулі, дрібно нарізаної (¼ чашки / 40 г всього)
- ¼ склянки / 15 г подрібненої листової петрушки
- ½ чайної ложки насіння коріандру, підсмажених і подрібнених
- ¾ чайної ложки насіння кмину, підсмажених і подрібнених
- ½ чайної ложки солодкого перцю
- ½ чайної ложки пластівців чилі
- 1 столова ложка олії фундука або волоського горіха
- ½ чайної ложки оливкової олії
- сіль

ІНСТРУКЦІЯ

a) Змішайте пасту харіса, мелений кмин і дрібку солі та натріть цією сумішшю філе скумбрії. Відставте в холодильник до готовності.

b) Варіть буряк у великій кількості води близько 20 хвилин (може знадобитися набагато більше, залежно від сорту), поки шпажка гладко не залізе. Дайте охолонути, потім очистіть від шкірки, наріжте кубиками ¼ дюйма / 0,5 см і покладіть у миску для змішування.

c) Очистіть половину апельсина та 1 лимона, позбавтеся від усієї зовнішньої серцевини, і наріжте їх на четвертинки.

Видаліть середню серцевину та будь-які насіння, а м'якоть наріжте кубиками ¼ дюйма / 0,5 см. Додайте до буряка разом з оливками, червоною цибулею та петрушкою.

d) В окремій мисці змішайте спеції, сік половини лимона, що залишився, і горіхову олію. Вилийте це до буряково-апельсинової суміші, перемішайте та приправте за смаком сіллю. Найкраще дати сальсі постояти при кімнатній температурі принаймні 10 хвилин, щоб всі смаки змішалися.

e) Безпосередньо перед подачею розігрійте оливкову олію у великій сковороді з антипригарним покриттям на середньому вогні. Покладіть філе скумбрії шкірою вниз у сковороду та готуйте, один раз перевернувши, приблизно 3 хвилини до готовності. Перекладіть на порційні тарілки та викладіть зверху сальсу.

92. Пиріжки з тріски в томатному соусі

Робить: 4

ІНГРЕДІЄНТИ

- 3 скибочки білого хліба, видалені скоринки (приблизно 2 унції / 60 г загалом)
- 1⅓ фунта / 600 г філе тріски, палтуса, хека або минтая без шкіри та кісток
- 1 середня цибулина, дрібно нарізана (приблизно 1 чашка / 150 г загалом)
- 4 зубчики часнику, подрібнені
- 1 унція / 30 г плоскої петрушки, дрібно нарізаної
- 30 г кінзи, дрібно нарізаної
- 1 ст.л меленого кмину
- 1½ чайної ложки солі
- 2 дуже великих яйця на вільному вигулі, збитих
- 4 столові ложки оливкової олії
- ТОМАТНИЙ СОУС
- 2½ столові ложки оливкової олії
- 1½ чайної ложки меленого кмину
- ½ чайної ложки солодкого перцю
- 1 чайна ложка меленого коріандру
- 1 середня цибулина, нарізана
- ½ склянки / 125 мл сухого білого вина
- одна банка нарізаних помідорів вагою 400 г
- 1 червоний чилі, без насіння і дрібно нарізаний
- 1 зубчик часнику, подрібнений
- 2 чайні ложки найдрібнішого цукру
- 2 столові ложки листя м'яти, крупно нарізані
- сіль і свіжозмелений чорний перець

ІНСТРУКЦІЯ

a) Спочатку приготуйте томатний соус. Розігрійте оливкову олію на середньому вогні в дуже великій сковороді, для якої у вас є кришка. Додайте спеції та цибулю та варіть 8-10 хвилин, поки цибуля повністю не розм'якшиться. Додати вино і тушкувати 3 хвилини. Додайте помідори, чилі, часник, цукор, ½ чайної ложки солі та трохи чорного перцю. Тушкуйте приблизно 15 хвилин, поки маса не загусне. Спробуйте, щоб відкоригувати приправи та відкласти.

b) Поки вариться соус, приготуйте рибні котлети. Помістіть хліб у кухонний комбайн і збийте, щоб утворилися панірувальні крихти. Дуже дрібно наріжте рибу і помістіть її в миску разом з хлібом і всім іншим, крім оливкової олії. Добре перемішайте, а потім руками сформуйте з суміші компактні тістечка приблизно ¾ дюйма / 2 см завтовшки та 3¼ дюйма / 8 см в діаметрі. Має вийти 8 коржів. Якщо вони дуже м'які, поставте в холодильник на 30 хвилин, щоб вони застигли. (Ви також можете додати в суміш трохи сухих хлібних крихт, але робіть це помірно; тістечка мають бути досить вологими.)

c) Розігрійте половину оливкової олії на сковороді на середньому сильному вогні, додайте половину коржів і обсмажуйте по 3 хвилини з кожного боку, поки вони не забарвляться. Повторіть з рештою коржів і олії.

d) Акуратно викласти обсмажені коржі поруч в томатний соус; ви можете трохи стиснути їх, щоб вони всі підійшли. Додайте стільки води, щоб частково покрити торти (приблизно 1 склянка / 200 мл). Накрийте сковороду кришкою і тушкуйте на дуже слабкому вогні 15-20 хвилин. Вимкніть вогонь і залиште тістечка для осідання без кришки принаймні на 10 хвилин перед подачею в теплому вигляді або при кімнатній температурі, посипавши м'ятою.

93. Смажені рибні шашлики з гавайем і петрушкою

Робить: 4 ДО 6

ІНГРЕДІЄНТИ

- 2¼ фунта / 1 кг твердого філе білої риби, такого як морський чорт або палтус, очищене від шкіри, видалених кісток і нарізане кубиками 1 дюйм / 2,5 см
- 1 склянка 50 г дрібно нарізаної плосколистої петрушки
- 2 великих зубчики часнику, подрібнити
- ½ чайної ложки пластівців чилі
- 1 столова ложка свіжовичавленого лимонного соку
- 2 столові ложки оливкової олії
- сіль
- часточки лимона, для подачі
- 15-18 довгих бамбукових шпажок, замочених у воді на 1 годину
- СУМІШ СПЕЦІЙ HAWAYEJ
- 1 чайна ложка чорного перцю горошком
- 1 ч. Л. зерен коріандру
- 1½ чайної ложки насіння кмину
- 4 цілих зубчики
- ½ чайної ложки меленого кардамону
- 1½ чайної ложки меленої куркуми

ІНСТРУКЦІЯ

a) Почніть із суміші hawayej. Помістіть горошини перцю, коріандр, кмин і гвоздику в м'ясорубку для спецій або ступку і подрібніть до дрібного помелу. Додайте мелений кардамон і куркуму, добре перемішайте та перекладіть у велику миску.

b) Помістіть рибу, петрушку, часник, пластівці чилі, лимонний сік і 1 чайну ложку солі в миску зі спеціями hawayej. Добре перемішайте руками, масажуючи рибу в суміші спецій, доки всі шматочки добре не покриються. Накрийте миску та, в ідеалі, залиште маринуватися в холодильнику на 6-12 годин. Якщо ви не можете приділити цьому часу, не хвилюйтеся; година також має бути добре.

c) Поставте сковороду з ребрами на сильний вогонь і залиште приблизно на 4 хвилини, поки вона не нагріється. Тим часом нанизайте шматочки риби на шампури по 5-6 штук на кожен, не забувши проміжків між шматочками. Обережно змастіть рибу невеликою кількістю оливкової олії та покладіть шампури на гарячу решітку 3-4 партіями, щоб вони не були занадто близько один до одного. Смажте на грилі приблизно 1½ хвилини з кожного боку, поки риба не приготується. Крім того, готуйте їх на грилі або під жаровнею, де вони будуть готуватися приблизно по 2 хвилини з кожного боку.

d) Подавайте негайно з дольками лимона.

94. Салат Фрікасе

Робить: 4

ІНГРЕДІЄНТИ

- 4 гілочки розмарину
- 4 лаврових листки
- 3 столові ложки чорного перцю горошком
- приблизно 1⅔ склянки / 400 мл оливкової олії першого віджиму
- 300 г стейка з тунця, одним або двома шматками
- 1⅓ фунта / 600 г картоплі Yukon Gold, очищеної та нарізаної шматочками ¾ дюйма / 2 см
- ½ чайної ложки меленої куркуми
- 5 філе анчоусів, крупно нарізаних
- 3 столові ложки пасти з хариси (купленої абодивіться рецепт)
- 4 ст.л каперсів
- 2 чайні ложки дрібно нарізаної консервованої лимонної цедри (купленої в магазині абодивіться рецепт)
- ½ склянки / 60 г чорних оливок без кісточок і навпіл
- 2 столові ложки свіжовичавленого лимонного соку
- 5 унцій / 140 г консервованого перцю пікілло (приблизно 5 перців), нарізаного грубими смужками
- 4 великих яйця, зварених круто, очищених і нарізаних четвертинками
- 2 листя салату (приблизно 140 г), розділені та порвані листя
- ⅔ унції / 20 г плосколистої петрушки, зібрані та порвані листя
- сіль

ІНСТРУКЦІЯ

а) Щоб приготувати тунця, покладіть розмарин, лавровий лист і горошини перцю в невелику каструлю і додайте оливкову олію. Нагрійте масло трохи нижче температури кипіння, коли на поверхні почнуть з'являтися крихітні бульбашки. Обережно додайте тунець (тунець повинен бути повністю покритий; якщо це не так, розігрійте більше олії та додайте в сковороду). Зніміть з вогню та залиште на пару годин, не накриваючи кришкою, потім накрийте каструлю та поставте в холодильник принаймні на 24 години.

b) Варіть картоплю з куркумою у великій кількості підсоленої киплячої води 10-12 хвилин до готовності. Обережно злийте, переконавшись, що вода з куркуми не розлилася (плями важко видалити!), і помістіть у велику миску. Поки картопля ще гаряча, додайте анчоуси, хариссу, каперси, консервований лимон, оливки, 6 столових ложок / 90 мл олії для консервування тунця та трохи горошин перцю з олії. Акуратно перемішати і залишити остигати.

c) Очистіть тунець від олії, що залишилася, наріжте його невеликими шматочками та додайте до салату. Додайте лимонний сік, перець, яйця, листя салату та петрушку. Обережно перемішайте, спробуйте, додайте солі, якщо вона потрібна, і, можливо, більше олії, а потім подавайте.

95. Креветки, гребінці та молюски з помідорами та фетою

Робить: 4 НА ПОЧАТКУ

ІНГРЕДІЄНТИ

- 1 склянка / 250 мл білого вина
- 2¼ фунта / 1 кг молюсків, очищених
- 3 зубчики часнику, тонко нарізані
- 3 столові ложки оливкової олії плюс додаткова до завершення
- 3½ склянки / 600 г очищених і нарізаних італійських помідорів (свіжих або консервованих)
- 1 чайна ложка найдрібнішого цукру
- 2 ст.л. подрібненого орегано
- 1 лимон
- 7 унцій / 200 г тигрових креветок, очищених і без кісточок
- 200 г великих гребінців (якщо дуже великі, розріжте навпіл горизонтально)
- 4 унції / 120 г сиру фета, поламаного на шматки ¾ дюйма / 2 см
- 3 зелені цибулі, тонко нарізані
- сіль і свіжозмелений чорний перець

ІНСТРУКЦІЯ

a) Помістіть вино в середню каструлю і кип'ятіть, поки не зменшиться на три чверті. Додайте молюсків, негайно накрийте кришкою і варіть на сильному вогні приблизно 2 хвилини, періодично струшуючи сковороду, поки молюски не розкриються. Перекладіть у дрібне сито, щоб стекло, збираючи сік, що виділяється в миску. Викиньте будь-яких молюсків, які не розкриваються, потім видаліть решту з їхніх раковин, залишивши кілька з черепашками, щоб завершити блюдо, якщо хочете.

b) Розігрійте духовку до 475°F / 240°C.

c) У великій сковороді обсмажте часник на оливковій олії на середньому сильному вогні приблизно 1 хвилину до золотистого кольору. Обережно додайте помідори, рідину з молюсків, цукор, орегано, трохи солі та перцю. Зріжте з лимона 3 смужки цедри, додайте їх і кип'ятіть на повільному вогні 20-25 хвилин, поки соус не загусне. Спробуйте на смак і додайте сіль і перець за потреби. Викиньте цедру лимона.

d) Додайте креветки та морські гребінці, обережно перемішайте та готуйте лише одну-дві хвилини. Скласти очищених молюсків і перекласти все в невелику форму для духовки. Опустіть шматочки фети в соус і посипте зеленою цибулею. Зверху покладіть кілька молюсків у панцирах, якщо хочете, і поставте в духовку на 3-5 хвилин, поки верх трохи не забарвиться, а креветки та гребінці не приготуються. Вийміть блюдо з духовки, вичавіть зверху трохи лимонного соку і закінчіть краплинкою оливкової олії.

96. Стейки з лосося в соусі Chraimeh

Робить: 4

ІНГРЕДІЄНТИ

- ½ склянки / 110 мл соняшникової олії
- 3 ст.л борошна універсального призначення
- 4 стейки лосося, приблизно 1 фунт / 950 г
- 6 зубчиків часнику, крупно нарізаних
- 2 чайні ложки солодкої паприки
- 1 столова ложка насіння кмину, підсмажених і свіжозмелених
- 1½ чайної ложки меленого кмину
- округлої ¼ чайної ложки кайенского перцю
- округленої ¼ чайної ложки меленої кориці
- 1 зелений чилі, крупно нарізаний
- ⅔ склянки / 150 мл води
- 3 ст ложки томатної пасти
- 2 чайні ложки найдрібнішого цукру
- 1 лимон, розрізаний на 4 часточки, плюс 2 столові ложки свіжовичавленого лимонного соку
- 2 ст.л крупно нарізаної кінзи
- сіль і свіжозмелений чорний перець

ІНСТРУКЦІЯ

a) Розігрійте 2 столові ложки соняшникової олії на сильному вогні у великій сковороді, для якої у вас є кришка. Помістіть борошно в неглибоку миску, щедро приправте сіллю та перцем і викладіть туди рибу. Струсіть зайве борошно та обсмажте рибу по хвилині-дві з кожного боку до золотистого кольору. Вийміть рибу і витріть сковороду.

b) Помістіть часник, спеції, чилі та 2 столові ложки соняшникової олії в кухонний комбайн і збийте, щоб утворилася густа паста. Можливо, вам знадобиться додати ще трохи олії, щоб все з'єдналося.

c) У сковороду наливаємо масло, що залишилося, добре розігріваємо і додаємо спеції. Перемішуйте і смажте всього

30 секунд, щоб спеції не пригоріли. Швидко, але обережно (може плюнути!) додайте воду і томатну пасту, щоб спеції не зварилися. Доведіть до кипіння та додайте цукор, лимонний сік, ¾ чайної ложки солі та трохи перцю. Смакувати приправою.

d) Помістіть рибу в соус, доведіть до слабкого кипіння, накрийте сковороду і готуйте 7-11 хвилин, залежно від розміру риби, до готовності. Зняти каструлю з вогню, зняти кришку і залишити остигати. Подавайте рибу тільки теплою або кімнатної температури. Прикрасьте кожну порцію кінзою та часточкою лимона.

97. Маринована кисло-солодка риба

Робить: 4

ІНГРЕДІЄНТИ
- 3 столові ложки оливкової олії
- 2 середні цибулини, нарізані скибочками ⅜ дюйма / 1 см (загалом 3 чашки / 350 г)
- 1 ст ложка зерен коріандру
- 2 перці (1 червоний і 1 жовтий), розрізані вздовж навпіл, очищені від насіння та нарізані смужками ⅜ дюйма / 1 см завширшки (3 чашки / 300 г загалом)
- 2 зубчики часнику, подрібнені
- 3 лаврових листки
- 1½ столової ложки порошку каррі
- 3 помідори, нарізані (2 склянки / 320 г загалом)
- 2½ столові ложки цукру
- 5 столових ложок яблучного оцту
- 1 фунт / 500 г філе минтая, тріски, палтуса, пікші або іншої білої риби, розділити на 4 рівні частини
- приправлене борошно універсального призначення, для присипки
- 2 дуже великих яйця, збитих
- ⅓ склянки / 20 г подрібненої кінзи

сіль і свіжозмелений чорний перець

ІНСТРУКЦІЯ
a) Розігрійте духовку до 375°F / 190°C.
b) Розігрійте 2 столові ложки оливкової олії у великій сковороді або духовці на середньому вогні. Додайте цибулю та насіння коріандру та готуйте 5 хвилин, часто помішуючи. Додайте перець і готуйте ще 10 хвилин. Додайте часник, лавровий лист, порошок каррі та помідори та готуйте ще 8 хвилин, періодично помішуючи. Додайте цукор, оцет, 1½ чайної ложки солі та трохи чорного перцю та продовжуйте варити ще 5 хвилин.

c) Тим часом розігрійте решту 1 столову ложку олії в окремій сковороді на середньому сильному вогні. Посипте рибу сіллю, занурте в борошно, потім в яйця і смажте приблизно 3 хвилини, один раз перевернувши. Перекладіть рибу на паперові рушники, щоб увібрати зайву олію, потім додайте в сковороду з перцем і цибулею, відсуваючи овочі вбік, щоб риба сиділа на дні сковороди. Додайте достатньо води, щоб риба занурилася в рідину (приблизно 1 чашка / 250 мл).

d) Поставте деко в духовку на 10-12 хвилин, поки риба не приготується. Вийняти з духовки і залишити остигати до кімнатної температури. Тепер рибу можна подавати, але насправді вона стане краще через день-два в холодильнику. Перед подачею спробуйте, додайте сіль і перець, якщо потрібно, і прикрасьте кінзою.

98. Галети з червоним перцем і печеними яйцями

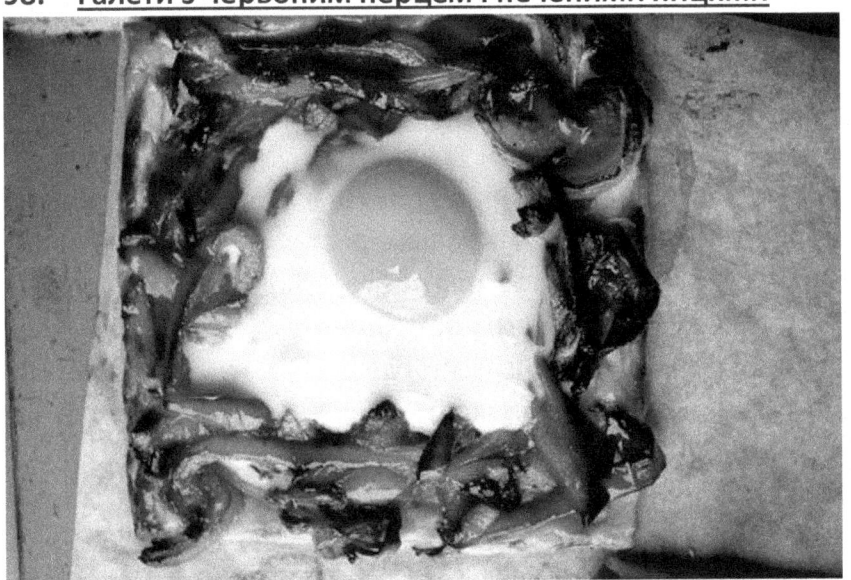

Робить: 4

ІНГРЕДІЄНТИ

- 4 середніх червоних перцю, розрізати навпіл, очистити від насіння та нарізати смужками ⅜ дюйма/1 см завширшки
- 3 невеликі цибулини, розрізати навпіл і нарізати кружальцями ¾ дюйма / 2 см завширшки
- 4 гілочки чебрецю, листя зібрати й подрібнити
- 1½ чайної ложки меленого коріандру
- 1½ чайної ложки меленого кмину
- 6 столових ложок оливкової олії плюс додаткова до завершення
- 1½ столової ложки плоского листя петрушки, крупно нарізаного
- 1½ столової ложки листя кінзи, крупно нарізаного
- 9 унцій / 250 г високоякісного листкового тіста з вершковим маслом
- 2 ст / 30 г сметани
- 4 великих яйця вільного вигулу (або 5½ унцій / 160 г сиру фета, подрібненого), плюс 1 яйце, злегка збите
- сіль і свіжозмелений чорний перець

ІНСТРУКЦІЯ

a) Розігрійте духовку до 400°F / 210°C. У великій мисці змішайте перець, цибулю, листя чебрецю, мелені спеції, оливкову олію та щіпку солі. Викласти в жаровню і смажити 35 хвилин, кілька разів помішуючи під час приготування. Овочі мають бути м'якими та солодкими, але не надто хрусткими чи коричневими, оскільки вони будуть варитися далі. Вийміть з духовки та додайте половину свіжої зелені. Спробуйте на смак і відкладіть. Розігрійте духовку до 425°F / 220°C.

b) На злегка присипаній борошном поверхні розкачайте листкове тісто в квадрат 12 дюймів / 30 см товщиною приблизно ⅛ дюйма / 3 мм і розріжте на чотири квадрати розміром 6 дюймів / 15 см. Наколіть квадрати виделкою та покладіть їх, на належній відстані, на деко, застелене пергаментним папером. Залиште відпочивати в холодильнику принаймні на 30 хвилин.

c) Вийміть тісто з холодильника і змастіть верх і боки збитим яйцем. За допомогою офсетної лопатки або тильної сторони ложки нанесіть 1½ чайної ложки сметани на кожен квадрат, залишивши по краях ¼ дюйма / 0,5 см. Розкладіть 3 столові ложки суміші перців поверх квадратів, покритих сметаною, залишаючи чіткі межі, щоб вони піднялися. Його слід розподілити досить рівномірно, але залиште неглибоку ямку в середині, щоб пізніше вмістити яйце.

d) Випікайте галети 14 хвилин. Вийміть деко з духовки й обережно розбийте ціле яйце в отвір у центрі кожного тіста. Поверніться в духовку і готуйте ще 7 хвилин, поки яйця не застигнуть. Посипати чорним перцем і зеленню, що залишилася, і скропити олією. Подавайте одразу.

99. ХанукаЦегла

Робить: 2

ІНГРЕДІЄНТИ
● приблизно 1 стакан / 250 мл соняшникової олії
● 2 кола цегляного тіста діаметром від 10 до 12 дюймів / 25-30 см
● 3 ст.л. подрібненої листової петрушки
● 1½ столової ложки нарізаної зеленої цибулі, як зеленої, так і білої частин
● 2 великих яйця на вільному вигулі
● сіль і свіжозмелений чорний перець

ІНСТРУКЦІЯ

a) Налийте соняшникову олію в середню каструлю; вона повинна досягати приблизно ¾ дюйма / 2 см до стінок сковороди. Поставте на середній вогонь і залиште, поки масло не нагріється. Ви не хочете, щоб було занадто гаряче, інакше випічка підгорить до того, як яйце приготується; крихітні бульбашки почнуть спливати, коли він досягне потрібної температури.

b) Покладіть один з кіл тіста в неглибоку миску. (Можна використовувати більший шматок, якщо не хочеш витрачати багато тіста, а наповнити його більше.) Вам потрібно буде працювати швидко, щоб тісто не пересохло і не стало жорстким. У центр кола викласти половину петрушки і посипати половиною зеленої цибулі. Створіть невелике гніздо, у якому покладіть яйце, а потім обережно розбийте яйце в гніздо. Щедро посипте сіллю та перцем і складіть тісто з боків, щоб створити пакет. Чотири складки будуть перекриватися, щоб яйце було повністю закрите. Заклеїти тісто не можна, але акуратний згин повинен утримувати яйце всередині.

c) Обережно переверніть пакунок і обережно помістіть його в олію закритою стороною донизу. Готуйте від 60 до 90 секунд з кожного боку, поки тісто не стане золотисто-коричневим. Яєчний білок має застигнути, а жовток ще рідкий. Зніміть готовий шматочок з олії та покладіть між паперовими рушниками, щоб увібрати надлишки олії. Підтримуйте тепло, поки будете готувати другу випічку. Подавайте обидві посилки одночасно.

100. Sfiha aбo Lahm Bi'ajeen

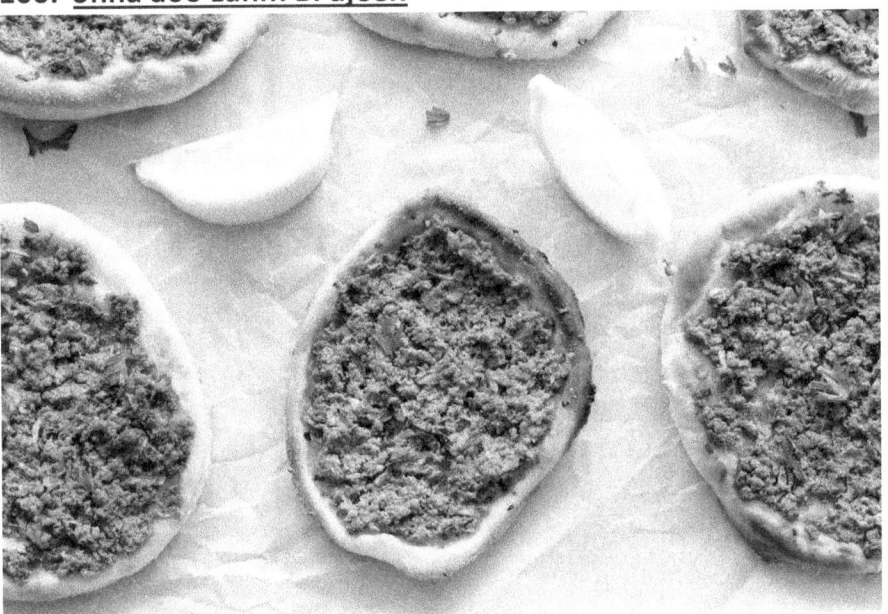

Робить: БЛИЗЬКО 14 ВИПІБКИ

ТОПІНГ

ІНГРЕДІЄНТИ
- 9 унцій / 250 г меленої баранини
- 1 велика цибулина, дрібно нарізана (1 склянка з купою / 180 г всього)
- 2 середніх помідора, дрібно нарізаних (1½ склянки / 250 г)
- 3 столові ложки світлої пасти тахіні
- 1¼ чайної ложки солі
- 1 ч. ложка меленої кориці
- 1 ч.л меленого запашного перцю
- ⅛ чайної ложки кайенского перцю
- 1 унція / 25 г подрібненої петрушки
- 1 столова ложка свіжовичавленого лимонного соку
- 1 ст.л гранатової патоки
- 1 ст.л сумаху
- 3 ст / 25 г кедрових горіхів
- 2 лимони, нарізані дольками

ТІСТО
- 1⅓ склянки / 230 г хлібного борошна
- 1½ столової ложки сухого молока
- ½ столової ложки солі
- 1½ чайної ложки активних сухих дріжджів, що швидко ростуть
- ½ чайної ложки розпушувача
- 1 ст.л цукру
- ½ склянки / 125 мл соняшникової олії
- 1 велике яйце на вільному вигулі
- ½ склянки / 110 мл теплої води
- оливкова олія, для чищення

ІНСТРУКЦІЯ

a) Почніть з тіста. Помістіть борошно, сухе молоко, сіль, дріжджі, розпушувач і цукор у велику миску. Добре перемішайте, потім зробіть поглиблення в центрі. Покладіть в лунку соняшникову олію і яйце, потім перемішайте, додаючи воду. Коли тісто підійде, перекладіть його на робочу поверхню і вимішуйте 3 хвилини, поки воно не стане еластичним і однорідним. Покладіть у миску, змастіть оливковою олією, накрийте рушником у теплому місці та залиште на 1 годину, після чого тісто має трохи піднятися.

b) В окремій мисці руками змішайте всі інгредієнти начинки, крім кедрових горіхів і часточок лимона. Відкласти.

c) Розігрійте духовку до 450°F / 230°C. Вистеліть велике деко пергаментним папером.

d) Розділіть підняте тісто на кульки по 2 унції / 50 г; у вас має бути близько 14. Розкачайте кожну кульку в коло діаметром приблизно 5 дюймів / 12 см і товщиною ⅛ дюйма / 2 мм. Кожен кружечок злегка змастіть оливковою олією з обох сторін і викладіть на деко. Накрийте і залиште підходити на 15 хвилин.

e) Використовуйте ложку, щоб розподілити начинку між випічкою та розподілити її рівномірно, щоб вона повністю покривала тісто. Посипати кедровими горішками. Залиште для підйому ще на 15 хвилин, а потім поставте в духовку приблизно на 15 хвилин до готовності. Ви хочете переконатися, що випічка щойно пропечена, а не перепечена; начинка повинна бути злегка рожевою всередині, а тісто золотистим знизу. Вийміть з духовки та подавайте теплим або кімнатної температури з дольками лимона.

ВИСНОВОК

Рецепти Хануки є невід'ємною частиною святкування цього особливого свята. Вони збирають разом сім'ї та друзів, щоб насолодитися смачними традиційними стравами, які передавалися з покоління в покоління. Від хрустких латкесів до солодкого суфганійоту, ці рецепти сповнені смаку та символізму. Вони уособлюють чудо олії, теплоту сімейних зустрічей і радість від святкування свята, просякнутого традиціями. Незалежно від того, святкуєте ви Хануку чи просто хочете спробувати щось нове, ці рецепти — чудовий спосіб відчути багатство та глибину єврейської культури та кухні.

Milton Keynes UK
Ingram Content Group UK Ltd.
UKHW021359051023
430000UK00015B/603